AI와 철도

AI문고

인공지능 시대입니다. 기계가 인간의 인지를 대신하고, 사물이 인간을 통하지 않고 다른 사물과 직접 커뮤니케이션합니다. 이에 따른 인간 삶과 문명 변화를 정확히 이해 · 예측 · 대응하는 것은 이 시대 우리 모두의 과제입니다. AI문고는 인공지능 기술과 환경의 여러 주제를 10가지 키워드로 정리합니다. 관련 개념과 이론, 학계와 산업계의 쟁점, 우리 일상의 변화를 다룹니다. 인간과 기술의 현재, 미래를 세심히 분석합니다.

일러두기

- 인명, 작품명, 저서명, 개념어 등은 한글과 함께 괄호 안에 해당 국가의 원어를 병기했습니다.
- 외래어 표기는 현행 어문규정의 외래어표기법을 따랐습니다.

처음이세요?

전문가세요?

지금, 큐알 찍으면

- AI 입문서 바로 선물
- 당신만의 필독서 추천
- 500권 요약본 공짜
- 오디오북 무료 사용

AI와 철도

한석민

대한민국, 서울, 커뮤니케이션북스, 2025

AI와 철도

지은이 한석민
펴낸이 박영률

초판 1쇄 펴낸날 2025년 5월 25일

커뮤니케이션북스(주)
출판 등록 2007년 8월 17일 제313-2007-000166호
02880 서울시 성북구 성북로 5-11
전화(02) 7474 001, 팩스(02) 736 5047
commbooks@commbooks.com
www.commbooks.com

ISBN 979-11-430-0179-5 03500

책값은 뒤표지에 표시되어 있습니다.

차례

철도에 들어오는 AI

제4차 산업혁명(Fourth Industrial Revolution, 4IR)은 정보통신 기술(ICT)의 융합으로 이뤄지는 차세대 산업혁명으로, 18세기 초기 산업혁명 이후 네 번째로 중요한 산업 시대다. 이 혁명의 핵심은 빅데이터 분석, 인공지능(AI), 로봇공학, 사물인터넷, 무인 운송 수단(무인 항공기, 무인 자동차), 3D 프린팅, 나노 기술과 같은 7대 분야에서 새로운 기술 혁신으로 여겨진다(Schwab, 2016).

4차 산업혁명의 일환으로 AI의 시대가 시작된 것 같다. 2015년 알파고가 등장했고, 2016년 이세돌 9단과의 바둑 시합에서 승리하자 비교적 AI의 관심이 덜했던 대한민국에서도 AI를 향한 관심이 폭발적으로 증가했다. 사회 각 분야에서 AI를 적용하고 싶어 했고, 그 흐름은 아직까지 이어져 오고 있다. 이런 흐름은 철도 분야에서도 예외가 아니다. 철도 차량의 운전뿐 아니라, 철도 차량의 유지보수 및 철도 관련 시설의 유지보수에도 AI를 적용하고자 하는 움직임이 일어나고 있다. 또한 철도도 산업이기 때문에, 비즈니스 측면에서 AI를 적용해 소비

자의 수요를 만족시키고자 하는 움직임도 일어나고 있다.

유지보수의 진화

현재까지의 유지보수 방식은 주로 육안 검사와 경험적 판단을 기반으로 이뤄져 왔다. 이러한 방식에서는 설비나 부품의 외형적 이상을 확인한 후 적절한 조치를 취하는 방식이 일반적이다. 이 중 특정 장비가 기능적 고장(Soft Failure)을 일으킨 후 이를 복구하는 유지보수 방식은 사후 정비(Corrective Maintenance, CM)라고 하며, 이는 비교적 중요도가 낮거나 유지보수 비용이 적게 드는 부품에 주로 적용된다.

그러나 설비의 중요도가 높아 고장이 발생하면 큰 손실이 발생하는 경우, 고장이 발생하기 전에 일정한 주기로 미리 유지보수를 수행하는 예방 정비(Preventive Maintenance, PM) 방식이 사용된다. PM 방식은 장비의 예상 수명을 고려해 계획된 일정에 따라 점검 및 부품 교체를 진행함으로써 돌발적인 고장 발생을 최소화하는 것을 목표로 한다. 하지만 PM 방식은 장비의 실제 상태와 무관하게 일정에 따라 정비가 이뤄지기 때문에, 불필요한 유지보수로 인해 비용이 증가하거나 예상보다 이른 시점에 부품을 교체해야 하는 비효율성이 존재할 수 있다.

이러한 한계를 극복하기 위해, 최근에는 상태 기반 정비(Condition-Based Maintenance, CBM) 방식이 점차 도입되고 있다. CBM은 설비와 부품에 부착된 각종 센서를 통해 실시간으로 상태 데이터를 수집하고, 이를 분석해 장비의 이상 징후를 조기에 발견함으로써 고장이 발생하기 전에 유지보수를 수행하는 방식이다. CBM은 과잉 정비를 줄이는 동시에, 고장 시 큰 피해가 발생할 가능성이 있는 핵심 설비에 대해 보다 정밀한 유지보수를 가능하게 한다.

CBM의 발전형으로, 축적된 데이터를 기반으로 기계학습 및 통계적 기법을 활용해 고장 시점을 미리 예측하는 예측 정비(Predictive Maintenance, PdM) 방식이 있다. PdM은 단순히 현재 장비의 상태를 모니터링하는 것을 넘어, 장비의 과거 데이터와 실시간 데이터를 결합해 특정 부품이나 시스템이 언제 고장 날지를 예측하고, 이를 바탕으로 최적의 정비 시점을 결정하는 방식이다. 특히 유지보수 작업이 복잡하거나 시간이 많이 걸리는 설비, 또는 고장이 발생할 경우 안전에 치명적인 영향을 미치는 설비에서 PdM이 적극적으로 활용되고 있다.

더 나아가 최근에는 유지보수 방식을 더욱 정교하게 발전시키기 위한 처방 정비(Prescriptive Maintenance, PsM) 개념이 등장하고 있다. PsM은 단순히 고장의 시점을 예측하는 것을 넘어, 발생 가능한 고장의 원인 분석과 함께 최적의 유지보수 방법까지 제안하는 방식이다. 즉 설비의 상태 데이터를 분석해 '언제' 정비해야 하는지(PdM)를 예측할 뿐만 아니라, '어떤 방식으로' 유지보수를 수행해야 가장 효과적인지를 자동으로 결정하는 것이 PsM의 핵심이다. 이를 위해 AI와 고급 분석 기술이 활용되며, 다양한 고장 시나리오를 학습해 정비 방법을 추천하고, 유지보수 후 예상되는 설비 성능까지 예측하는 등의 기능을 포함할 수 있다.

현재 많은 장비에는 CBM을 위한 다양한 센서가 부착돼 있으며, 이를 통해 실시간으로 방대한 양의 데이터가 수집되고 있다. 그러나 이러한 데이터를 사람이 일일이 분석하고 정비 결정을 내리는 것은 비효율적이며, 복잡한 패턴을 빠르게 파악하기 어렵다. 따라서 AI와 머신러닝 기술을 활용해 데이터를 자동으로 분석하고, 최적의 정비 시점 및 방식을 추천하는 시스템이 점점 더 중요해지고 있다. 이러한 기술이 발전함에 따라, 유지보수 방식은 단순한 고장 복구에서 벗어나, 데이터 기반의 지능형 정비 체계로 진화하고 있으며, 이를 통해 설비의 신뢰성과 운영 효율성이 획기적으로 향상될 것으로 기대된다.

딥러닝이란?

AI의 개념은 매우 광범위하며, 시대와 기술의 발전에 따라 그 정의와 적용 범위가 지속적으로 변화해왔다. 초기의 인공지능 연구는 논리 기반 전문가 시스템(Expert System)이나 규칙 기반(Rule-Based) 프로그래밍을 중심으로 진행됐으며, 특정한 문제를 해결하기 위한 명시적인 규칙을 설계하는 방식이 주를 이뤘다. 그러나 최근 '인공지능'이라는 용어가 사용될 때는 주로 딥러닝(Deep Learning) 기술을 의미하는 경우가 많다.

딥러닝은 인간의 뇌가 정보를 처리하는 방식에서 영감을 얻어 개발된 기계 학습(Machine Learning) 기법 중 하나로, 신경망(Neural Network)을 기반으로 한다. 딥러닝의 핵심 구조인 다층 신경망(Deep Neural Network, DNN)은 퍼셉트론(Perceptron)이라는 개별 신경세포(Neuron) 모델을 여러 층에 걸쳐 배열하고, 각 층을 서로 연결해 데이터의 복잡한 패턴과 비선형적 특성을 학습할 수 있도록 설계돼 있다. 이를 통해 단순한 입력 데이터에서 시작해 점진적으로 고차원적인 특징을 추출하고, 이를 바탕으로 예측, 분류, 자연어 처리, 영상 인식 등 다양한 문제를 효과적으로 해결할 수 있다.

딥러닝과 인간의 뇌 구조의 유사성

인간의 뇌는 여러 계층적인 구조를 통해 정보를 처리하며, 이러한 구조적 특성이 딥러닝의 계층적 학습 방식과 유사하다고 볼 수 있다.

기본적인 감각 정보 처리:

인간의 뇌에서 감각 기관이 받아들인 정보는 가장 먼저 저차원적인 특징(색상, 명암, 윤곽선 등)으로 해석된다.

입력층(Input Layer)은 원본 데이터(예: 이미지, 음성, 텍스트)를 받아들이고, 가장 기본적인 특징을 추출하는 역할을 한다.

중간 단계의 정보 조합:

인간의 뇌는 개별적인 감각 정보를 결합해 더 복잡한 패턴을 형성하고, 이를 바탕으로 사물을 인식하거나 상황을 이해한다.

딥러닝의 은닉층(Hidden Layer)에서는 입력된 기본 특징을 결합해 중간 수준의 패턴을 추출하고, 점점 더 구체적인 정보를 학습한다. 예를 들어 이미지 인식의 경우 저차원 특징(윤곽선, 모서리 등)을 결합해 더 높은 수준의 개념(눈, 코, 입 등의 형태)을 만들어 낸다.

최상위 개념의 해석과 의사결정:

인간의 뇌는 감정, 기억, 논리적 사고 등의 복합적인 과정을 거쳐 최종적인 결정을 내린다.

딥러닝의 출력층(Output Layer)에서는 최종적으로 학습된 패턴을 바탕으로 객체를 인식하거나, 특정한 결정을 내리는 역할을 수행한다. 예를 들어 여러 개의 얼굴 특징을 조합해 특정 인물인지 판단하는 등의 과정이 이뤄진다.

딥러닝의 계층적 학습 과정

딥러닝이 데이터를 학습하는 과정은 인간이 사물을 인식하는 방식과 유사하게, 단순한 요소에서 점진적으로 복잡한 패턴을 형성하는 방식으로 진행된다. 예를 들어 자동차를 인식하는 과정을 생각해 보자.

1. 입력층:

원본 데이터(자동차 이미지)가 신경망에 입력된다.

2. 초기 은닉층(Low-Level Features):

신경망의 첫 번째 층에서는 단순한 윤곽선, 색상 대비, 경계선 등의 저수준 특징을 감지한다.

3. 중간 은닉층(Intermediate Features):

낮은 수준의 특징들이 결합되면서 타이어, 창문, 라이트 등의 개별적인 자동차 부품이 인식된다.

4. 고수준 은닉층(High-Level Features):

개별 부품이 조합되면서 자동차 전체의 형태를 학습하게 된다.

5. 출력층:

'이 이미지는 자동차다'라는 최종 결과를 출력한다.

이처럼 딥러닝의 다층 구조는 단순한 특징에서 시작해 점점 더 복잡한 패턴을 인식하는 방식으로 학습이 진행되며, 이는 인간이 시각적, 청각적, 언어적 정보를 처리하는 방식과 상당히 유사하다.

딥러닝의 일반적인 활용 분야

딥러닝은 이러한 구조적 강점을 바탕으로 다음과 같은 다양한 산업과 기술 영역에서 활용되고 있다.

컴퓨터 비전(Computer Vision): 이미지 인식, 얼굴 인식, 의료 영상 분석 등.

자연어 처리(Natural Language Processing, NLP): 음성 인식, 번역, 챗봇, 감성 분석 등.

자율 주행(Autonomous Driving): 객체 탐지, 주행 경로 예측, 신호 인식 등.

추천 시스템(Recommendation System): 사용자 취향 분석, 맞춤형 콘텐츠 추천 등.

딥러닝은 인간의 신경망을 모방해 정보를 계층적으로 학습하고 복잡한 패턴을 인식하는 강력한 인공지능 기술이다. 단순한 선형적 분석을 넘어, 다층 신경망을 통해 높은 수준의 개념을 학습하고 정교한 결정을 내릴 수 있도록 발전하고 있다. 이러한 특징 덕분에, 딥러닝은 다양한 산업에서 혁신적인 기술 발전을 이끌고 있으며, 앞으로도 더욱 정교한 학습 방법과 새로운 알고리즘을 통해 인간의 사고방식과 더욱 유사한 AI로 발전할 것으로 기대된다.

딥러닝의 철도 산업 및 CBM에서의 활용

딥러닝은 철도 산업에서도 점점 더 중요한 역할을 차지하고 있으며, 특히 상태 기반 유지보수(Condition-Based Maintenance, CBM) 및 예측 정비(Predictive

Maintenance, PdM) 영역에서 큰 성과를 보이고 있다. 철도 시스템은 대규모의 기계 및 전자 장비로 구성돼 있어, 지속적인 유지보수와 안전 관리가 필수적이다. 이를 위해, 딥러닝을 활용한 데이터 분석과 패턴 인식 기술이 철도 운행의 효율성과 안전성을 향상시키고 있다. 다음과 같은 분야에 딥러닝이 활용되고 있다.

차량, 선로 및 시설 상태 모니터링

철도 차량과 선로의 상태를 실시간으로 모니터링하기 위해 다양한 센서(가속도 센서, 초음파 센서, 열화상 카메라 등)를 활용하고 있으며, 딥러닝은 이러한 데이터를 분석하는 데 중요한 역할을 한다.

차량 차축 및 바퀴 이상 탐지: 차량의 차축, 바퀴, 베어링 등의 마모나 균열을 조기에 감지해 사고를 예방할 수 있다.

레일 결함 탐지: 초음파 및 영상 기반 딥러닝 모델을 활용해 레일 표면의 균열, 침하, 변형 등을 자동으로 감지하고 유지보수 시점을 예측한다.

전차선 이상 감지: 전력 공급을 담당하는 전차선의 마모 및 균열 여부를 분석해 전력 공급 장애를 사전에 방지한다.

이상 패턴 감지: 차량의 진동, 온도, 소음 데이터를 딥러닝 모델로 분석해 정상적인 상태와 비정상적인 상태를 분류하고, 이상 징후를 조기에 탐지한다.

정비 주기 최적화: 유지보수 이력을 바탕으로 고장 가능성이 높은 시점을 예측해 불필요한 정비를 줄이고, 필요한 정비를 적시에 수행할 수 있도록 한다.

실시간 의사결정 지원: 센서 데이터를 실시간으로 분석해, 운영자가 정비 여부를 판단하는 데 도움을 준다.

철도 사고 예방 및 안전 관리

철도 사고를 예방하고, 운영 안전성을 강화하기 위해 딥러닝 기반 영상 및 센서 데이터 분석 기술이 적극적으로 활용되고 있다.

객체 탐지를 통한 위험 요소 감지: 철도 선로에 장애물이 있거나, 사람이 접근하는 경우를 실시간으로 감지해 즉각적인 경고를 제공한다.

운전자 및 작업자 안전 관리: 철도 기관사의 얼굴 표정을 분석하여 졸음 운전 여부를 판단하고, 실시간 경고 시스템을 제공한다.

작업자 안전 모니터링: 영상 인식 및 센서 데이터를 활용해 철도 공사 현장에서 작업자의 위치를 실시간으로 파악하고, 위험 구역에 접근하는 경우 경고를 제공한다. 이를 통해 열차 접근 시 작업자의 대피를 유도하고, 사고를 예방할 수 있다.

안전 장비 착용 여부 감지: 딥러닝 기반 객체 탐지 기술을 활용해 작업자의 안전모, 조끼, 보호 장비 착용 여부를 자동으로 판별하고, 미착용 시 즉각적인 알람을 제공하여 안전 규정을 준수하도록 한다.

공사장 내 위험 요소 감지: 철도 공사 현장에서 발생할 수 있는 구조물 붕괴, 장비 오작동, 화재 등의 위험 요소를 딥러닝을 통해 조기에 감지하고, 신속한 대응이 이뤄질 수 있도록 지원한다.

작업 환경 분석 및 위험 예측: 기상 조건(강풍, 폭우, 안개 등)과 공사 일정 데이터를 분석해, 위험도가 높은 상황에서 작업을 사전에 조정하거나 보호 조치를 강화할 수 있도록 한다.

딥러닝은 철도 산업에서 CBM 및 PdM과 결합해 철도 차량과 인프라의 상태를 실시간으로 모니터링하고, 최적의 정비 및 운행 관리를 지원하는 핵심 기술로 자리 잡고 있다. 이를 통해 비용 절감, 운영 효율성 향상, 안전 강화 등의 효과를 기대할 수 있으며, 앞으로도 지속적인 기술 발전과 함께 더욱 정교한 시스템이 구축될 것으로 전망된다.

대규모 언어 모델 인공지능

딥러닝 기술은 영상, 소리, 텍스트, 센서 데이터를 해석하는 데 널리 활용되고 있다. 최근 가장 주목받는 분야는 대규모 언어 모델(Large Language Model, LLM)이다. LLM의 대표적인 예로 ChatGPT가 있으며, ChatGPT도 딥러닝을 기반으로 한 기술이다.

LLM은 다양한 데이터를 텍스트 형태로 변환할 수 있으며, 변환된 데이터를 다른 텍스트 정보와 비교하고 분석할 수 있는 특징을 가지고 있다. 이를 통해 자연어 처리, 번역, 문서 요약 등 여러 응용 분야에서 강력한 성능을 발휘한다. LLM은 데이터를 텍스트로 변환하고 텍스트를 생성하는 능력을 갖추고 있다. 영상이나 기타 데이터를 처리할 수 있는 AI 모델에 LLM을 결합하면, 데이터를 사람이 읽기 편한 텍스트 형태로 변환하고 기록할 수 있다. 이러한 기술을 멀티모달 AI라고 한다.

앞으로 다룰 AI 기술은 주로 영상이나 센서에서 입력된 데이터를 해석하는 데 중점을 두고 있다. 여기에 LLM을 추가하면, 데이터를 사람에게 친숙한 텍스트 형태로 정리할 수 있게 된다. 이 과정은 영상이나 센서 데이터를 해석하는 AI와는 약간 별개의 작업이지만, 어떤 영역에서도 추가해 사용할 수 있다는 점에서 유용성을 강조할 수 있다.

AI의 적용 방법

현대의 딥러닝 기술의 핵심은 여러 단계를 거쳐 작은 특징들을 조합해 더 구체적인 형태나 데이터의 특성을 알아내는 데 있다. 어떤 데이터를 사용하느냐에 따라 수행할 수 있는 기능은 무궁무진하게 다양하다.

철도의 경우, 철로나 철도 시설물의 영상 데이터, 초음파 데이터, 진동 데이터, 가속도 데이터 등을 입력으로 활용할 수 있다. 이러한 데이터를 통해 출력으로는 결함 유무 판단, 교체 필요성 판단 등을 얻을 수 있을 것이다.

이러한 결과를 얻기 위해서는 어떤 데이터를 수집할지, AI가 데이터를 학습할 수 있도록 어떻게 가공할지, 그리고 원하는 출력이 무엇인지 정하는 것이 중요하다. 데이터에 따라 수행할 수 있는 작업은 매우 다양하며, AI가 무엇을 할 수 있는지는 결국 어떤 데이터를 모으고 어떤 출력을 원하느냐에 대한 사람의 아이디어에 달려 있다고 할 수 있다.

AI 시대의 철도 인력 교육과정

필자는 AI를 전공했고, 철도 분야의 발전에 따라 AI를 활용할 줄 아는 철도 인력을 양성하는 역할을 맡고 있다. 철도 산업과 연관 산업의 발전 방향과 트렌드를 보면서, 앞으로의 교육과정이 어떤 방향으로 발전해야 시대에 맞는 인력을 길러 낼 수 있을지에 대한 고민이 있다. 완벽하지는 않을지언정, 앞으로 AI에 대한 이해도가 있는 철도 인력 양성을 위한 교육과정을 생각하고 이 책의 끝부분에 담았다.

참고문헌

Schwab, K.(2016). The fourth industrial revolution: What it means, how to respond. *World economic forum.*

01
철도 차량 정비를 위한 AI

상태 기반 정비(Condition-Based Maintenance, CBM)는 철도 차량 부품의 상태를 실시간으로 모니터링해 필요할 때만 정비하는 방식이다. 기존 TBM은 불필요한 교체와 높은 유지보수 비용 문제가 있었다. CBM은 센서를 활용해 차륜 마모, 온도, 진동 등을 감지하며, AI 분석을 통해 최적의 정비 시점을 예측한다. GE 등에서 실용화 중이며, 항공기 정비에도 활용되고 있다. CBM 도입은 유지보수 비용 절감, 운행 중단 최소화, 철도 차량의 안전성 및 운영 효율성 향상에 기여할 것이다.

AI와 1인 창업?

철도 차량 정비의 상태 정비

기존의 철도 차량 정비 방식은 일정한 시간 간격에 따라 부품을 점검하거나 교체하는 TBM 방식이 주를 이뤘다. 하지만 이 방식은 부품의 실제 상태와 무관하게 교체가 이뤄지는 경우가 많아 불필요한 정비가 발생할 가능성이 크고, 이에 따라 유지보수 비용이 증가할 수밖에 없었다. 또한 정비 주기에 따라 부품을 교체하더라도 예기치 않은 고장이 발생할 수 있으며, 이는 철도 차량 운행의 안전성과 효율성을 저하시킬 수 있는 요소가 된다.

이러한 문제를 해결하기 위해 최근에는 차량의 부품과 시스템 상태를 실시간으로 모니터링하여, 실제로 교체가 필요할 때 정비를 수행하는 CBM 방식이 도입되고 있다. CBM은 센서를 이용해 주요 부품의 마모 정도, 온도 변화, 진동 패턴 등을 실시간으로 측정하고, 이를 바탕으로 유지보수 여부를 판단하는 방식이다. 이를 통해 차량 부품이 최적의 상태에서 운행될 수 있도록 보장하면서도, 불필요한 정비를 최소화할 수 있어 정비 비용 절감과 차량 가용성 향상을 동시에 실현할 수 있다.

CBM은 철도 차량의 다양한 부품과 시스템에 적용될 수 있다. 대표적으로 차륜의 마모와 뒤틀림을 측정하는 기술이 있다. 철도 차량의 차륜은 지속적인 마찰로 인해 점진적인 마모가 발생하며, 일정 수준 이상의 마모가 진행되면 교체가 필요하다. 기존에는 정기적인 검사와 주기에 따른 교체가 이뤄졌지만, 이제는 차륜의 표면 상태와 형상 변화를 실시간으로 감지해 실제로 교체가 필요한 시점을 예측할 수 있다. 또한 베어링과 접합부의 온도 및 진동 변화를 모니터링하면 부품의 열화가 진행되는 상황을 조기에 감지할 수 있으며, 엔진과 변속기의 온도, 유압, 진동 데이터를 분석하면 동력 시스템의 이상 징후를 미리 파악할 수 있다.

사례

CBM의 대표적인 사례로, GE의 Evolution Locomotive는 차량 곳곳에 250개 이상의 센서를 장착해 매분 15만 개의 데이터를 수집하고 있으며, 이를 바탕으로 엔진과 주요 부품의 상태를 실시간으로 분석하고 있다(Giovino, 2025). 이를 통해 엔진의 성능이 저하되거나 부품 교체가 필요한 시점을 정확하게 예측할 수 있으며, 정비가 필요한 경우에만 유지보수를 수행함으로써 정비의 효율성을 극대화할 수 있다.

CBM 기술은 단순히 철도 차량 내부의 부품 상태를 측정하는 것에 그치지 않고, 기상 조건이나 철로 상태와 같은 외부 환경 요소까지 고려할 수 있다. 차량 외부에 부착된 센서를 통해 기압, 온도, 풍속, 습도 등의 데이터를 수집하고, 이를 기반으로 운행 조건을 분석할 수 있다. 예를 들어 강한 바람이 부는 환경에서 차량이 지나치게 높은 속도로 주행하면 차륜의 마모가 가속될 가능성이 높아진다. 이처럼 CBM을 활용하면 외부 요인을 고려해 차량 부품의 상태를 더욱 정밀하게 분석할 수 있으며, 이를 통해 최적의 운행 및 유지보수 전략을 수립할 수 있다.

이러한 CBM 기술은 철도뿐만 아니라 항공기 정비에서도 활발히 연구되고 있다. 특히 항공기의 유지보수에서는 예측 및 건강 관리(Prognostics and Health Management, PHM) 개념이 도입됐으며, 이를 통해 항공기 엔진과 주요 부품의 상태를 실시간으로 분석하고 부품의 남은 유효 수명(Remaining Useful Life, RUL)을 예측하는 연구가 진행돼 왔다. 항공기 엔진에는 수많은 센서가 부착돼 있으며, 이 센서들을 통해 수집된 데이터를 AI 모델에 입력하면 부품의 성능 저하 정도를 분석하고, 교체 시점을 보다 정밀하게 예측할 수 있다.

대표적인 사례로, C-MAPSS 데이터 세트는 항공기 엔진에 부착된 14가지 센서 입력과 RUL 데이터를 포함하고 있다. 이 데이터 세트를 활용하면 AI 모델을 훈련해 항공기 엔진의 남은 수명을 예측할 수 있으며, 이를 바탕으로 보다 정확한 유지보수 계획을 수립할 수 있다. 훈련된 모델은 실시간으로 센서 데이터를 받아들여 남아 있는 RUL을 계산하며, 이를 통해 엔진의 상태를 지속적으로 모니터링하고 최적의 정비 시점을 결정할 수 있다. 이러한 접근 방식은 철도 차량에도 그대로 적용될 수 있으며, 차량 부품별 RUL 예측 모델을 개발하면 철도 차량 유지보수를 보다 정밀하고 효율적으로 수행할 수 있다.

CBM을 철도 차량 정비에 적극 도입하면 유지보수의 패러다임이 기존의 사후 정비에서 예측 기반 정비로 변화할 것이다. 이를 통해 정비 비용을 절감할 수 있을 뿐만 아니라, 운행 중단을 최소화하고 철도 차량의 안전성을 향상시킬 수 있다. 또한 AI와 빅데이터 분석 기술을 활용해 더욱 정밀한 유지보수 전략을 마련할 수 있으며, 이를 통해 철도 차량 운영의 효율성을 극대화할 수 있을 것이다.

참고문헌

Giovino, B.(2025). All Aboard! Industrial IoT Powers Today's Locomotives. Mouser Electronics, https://www.mouser.kr/applications/industrial-iot-powers-locomotives/

02
철도 차량 정비를 위한 AI 적용 사례

기차 바퀴는 마모나 변형으로 원형을 잃을 수 있어, 센서와 AI를 활용해 손상도를 분석하고 교체 시점을 예측한다. 또한 객체 검출 기술을 적용한 AI 기반 차량 하부 검사 시스템이 운영 중이며, 실시간 영상 분석을 통해 이상 부위를 자동으로 탐지해 유지보수 효율성을 높인다.

AI와 MBTI?

기차 바퀴의 Out of Round 결함 검색

기차의 바퀴는 시간이 지남에 따라 닳거나 구조가 변형돼 원형을 잃는 경우가 발생할 수 있다. 이를 감지하기 위해 레일에 센서를 부착하고, 기차 바퀴가 지나갈 때 발생하는 하중 변화를 측정하거나, 차량의 바퀴 중심으로부터 레일까지의 거리 변화, 또는 가속도 변화를 측정해 데이터를 수집한다.

이렇게 수집된 데이터들을 AI 모델에 입력하면 바퀴의 손상도를 측정할 수 있으며, 동일한 바퀴의 손상도를 시간에 따라 추적해 예측되는 교체 시점을 추정할 수 있다. 이 접근은 바퀴의 상태를 실시간으로 모니터링하고, 필요 시점을 예측함으로써, 정비 및 교체 작업을 더 정확하고 효율적으로 계획할 수 있게 해준다. 이를 통해 불필요한 유지보수를 줄이고, 안전한 운행을 유지할 수 있다.

중국, 포르투갈, 독일 등에서는 가속도계를 특정 레일에 부착한 후, 철도 차량이 그 특정 레일을 지나가게 하는 방식으로 차륜과 레일 사이 거리의 가속도를 측정하거나, 차륜 자체에 부착해 차륜의 가속도를 측정하는 방식으로 데이터를 수집한다. 이는 차륜의 마모 정도 또는 마모된 모양에 따라, 차륜과 레일 사이의 간격이 변하는 것을 측정하기 위한 것이다. 가속도계를 통해 수집된 데이터는 인공지능 모델에 입력돼, 차륜이 아직은 사용 가능한지, 아니면 교체나 수리가 필요한 상태인지를 점검하는 데 사용된다.

이 방식은 차량별, 차륜별로 차륜의 비정상적인 형태(Out of Roundness) 데이터를 기반으로 데이터베이스를 구축함으로써, 시간이 지남에 따른 차륜의 변화를 추적할 수 있다. 이를 통해 차륜의 상태 변화량을 바탕으로 교체 또는 수리 시점을 추정할 수 있다. 이미 운행하기 어려울 만큼 차륜의 상태가 많이 변하기 전에 미리 조치를 취함으로써 발생할 수 있는 피해를 미연에 방지할 수 있다.

아쉽게도, 카메라로 얻은 영상을 활용해 차륜과 레일 사이 거리의 가속도를 측정하는 방법은 현재 연구되지 않은 것으로 보인다. 이 방법이 가능하려면, 차륜을 촬영한 영상을 분석함으로써 차륜의 가속도 변화를 추정할 수 있어야 한다. 아직은 이런 연구를 찾기 어려운 상태지만, 이 기술이 가능해진다면 차륜 상태를 점검하는 과정이 훨씬 더 간편하고 빠를 수 있을 것으로 예상된다. 이와 같은 발전은 검사 시간을 단축시키고, 비용을 절감하며, 보다 정확한 상태 진단을 가능하게 할 것이다.

차량 하부 검사

철도 차량 하부에는 오일 유출, 긁힘, 파손 등 다양한 이상이 발생할 수 있으며, 차륜 · 차축의 변형이나 브레이크 손상 등도 육안으로 확인할 수 있는 주요 점검 대상이다. 이러한 문제를 보다 신속하고 정확하게 진단하기 위해, 차량 하부 영상을 촬영한 후 AI 기반의 객체 검출(Object Detection) 기술을 활용해 자동으로 이상 유무를 판별하는 시스템이 개발되고 있다. Object Detection 기술은 딥러닝을 활용해 이미지에서 특정 물체를 인식하고 분류하는 기술로, 철도 차량의 유지보수 효율성을 극대화할 수 있는 혁신적인 접근 방식이다.

이미 한국에서도 이 기술이 상용화되고 있으며, 광명역 인근에는 차량 하부 검사를 위한 전용 장비가 설치돼 운영 중이다(이형근, 2014). 이 장비는 차량이 통과하는 동안 하부 영상을 실시간으로 촬영하고 분석해 손상된 부위나 이상이 있는 부품을 자동으로 탐지할 수 있다. 이를 통해 기존의 수작업 점검 방식보다 훨씬 빠르고 정밀하게 문제를 진단할 수 있으며, 유지보수 인력의 부담을 줄이는 동시에 점검 과정의 신뢰성을 높일 수 있다.

Object Detection 기반의 자동화된 점검 시스템은 검사 속도를 향상시키고 비용을 절감하는 효과도 기대할 수 있다. 기존에는 정비사가 차량을 들어 올려 직접 점검하는 방식이 주를 이뤘지만, 이 방식은 많은 시간이 소요되고 일정한 품질을 유지하기 어려웠다. 반면, AI 기반 점검 시스템은 일정한 기준에 따라 차량 하부의 상태를 분석하고 이상 부위를 실시간으로 표시할 수 있어, 보다 체계적인 유지보수가 가능하다.

Object Detection 기술의 적용 사례로, AI 모델이 absorber, disk 등 다양한 부품 이미지를 학습한 후, 실제 데이터에 적용해 특정 부품이나 손상 부위를 자동으로 탐지하는 것이 가능하다. AI가 학습한 데이터와 비교해 차량 하부에서 유사한 형태의 부품이나 이상 징후를 찾아내는 방식으로, 이를 통해 철도 차량 유지보수의 정확도를 한층 더 높일 수 있다. 앞으로 Object Detection 기술이 더욱 발전하면, 철도 차량뿐만 아니라 항공기, 자동차 등 다양한 산업 분야에서도 활용될 가능성이 크며, 정비 · 점검의 자동화를 통한 안전성 강화와 운영 효율성 증대에 기여할 것으로 기대된다.

참고문헌

이형근(2014.4.14). 철도차량, 정확하게 진단한다. ≪국토매일≫, https://www.pmnews.co.kr/9825

03
로봇 · 드론을 활용한 철도 차량 유지보수

철도를 비롯한 교통수단의 유지보수에서 로봇과 드론을 활용한 자동 정비 기술이 발전하고 있다. 로봇 에이전트(agent)는 철도 차량 하부를 점검하며, 드론은 전력선 및 대형 구조물을 검사한다. AI 분석을 통한 예방 정비로 유지보수 비용을 절감하고, 효율성을 높일 수 있다. 또한 자동차는 주행 중 하부를 자동 촬영 · 분석하는 방식이 연구 중이다. 테슬라(Tesla)와 BMW 등은 생산 공정에도 로봇을 도입해 자동화를 추진하고 있으며, 향후 철도 정비에도 적용 가능성이 크다.

AI와 난임 극복?

로봇을 이용한 자동 정비

철도 차량의 하부를 검사하는 방법 중 하나로 로봇과 같은 자동화된 기기를 활용하는 방식이 있다. 기존의 점검 방식은 사람이 직접 하부를 살펴보거나 정비소에서 차량을 들어 올려 검사를 수행하는 방식이었지만, 이는 시간과 비용이 많이 소요될 뿐만 아니라 사람이 접근하기 어려운 영역이 존재하는 한계가 있다. 이에 대한 해결책으로, 프랑스의 철도 차량 제조 업체인 Alstom은 철도 차량 하부 검사를 수행하기 위해 로봇개(Robot Dog)를 활용하는 연구를 진행했다(Alstom, 2023). 이 로봇개는 철도 차량의 하부를 이동하며 고해상도 카메라와 센서를 통해 촬영을 수행하고, 수집된 영상 데이터를 중앙 서버로 실시간 전송한다. 이후 서버에서는 AI 기반의 분석을 통해 차량 하부의 이상 여부를 판단하고, 분석된 결과는 데이터베이스에 저장된다. 만약 특정 부위에서 문제가 감지되면, 해당 정보는 정비 담당자에게 즉시 전달돼 신속한 유지보수 작업이 이뤄질 수 있다.

이 기술의 가장 큰 장점은 실시간 모니터링과 자동화된 분석 기능이다. 로봇개는 사람이 접근하기 어려운 차량 하부의 복잡한 구조까지 정밀하게 검사할 수 있으며, 지속적인 데이터 수집을 통해 이상 징후를 조기에 탐지할 수 있다. 로봇개를 이용한 방식은 현재의 철도 차량 검사 시설물을 그대로 이용하면서, 로봇개와 분석 시스템을 별도로 운영함으로써 별도의 대규모 장비를 필요로 하지 않는다는 장점도 있다. 이를 통해 철도 차량의 유지보수 과정이 보다 체계적으로 이뤄질 수 있으며, 문제 발생 시 즉각적인 조치가 가능해진다. 또한 반복적인 데이터 축적을 통해 예측 정비(Predictive Maintenance, PdM) 개념을 적용할 수도 있다. 즉 시간이 지남에 따라 변화하는 데이터를 분석해 특정 부품이 언제 교체 또는 수리가 필요한지 미리 예측하는 방식이다. 이를 통해 철도 차량의 운행 안정성을 높이고, 예기치 않은 고장을 예방함으로써 유지보수 비용 절감에도 기여할 수 있다.

한편 이러한 자동화 검사 기술은 철도 차량뿐만 아니라 자동차 정비에도 적용할 수 있다. 다만 철도 차량과 자동차는 하부 구조 및 유지보수 방식에서 차이가 있다. 철도 차량은 정기적으로 정비 창에서 점검이 이뤄지는 경우가 많지만, 자동차는 그 수량이 훨씬 많고, 정기적인 정비가 보장되지 않는 경우도 많다. 또한 철도 차량보다 크기가 작고 좁은 공간에 다양한 부품이 밀집해 있어 점검 방식도 다를 필요가 있다. 이러한 차이로 인해, 자동차의 경우 로봇개와 같은 기기를 활용하기보다는 차량이 주행 중 검사 장비가 장착된 노면 위를 지나가면서 자동으로 하부를 촬영하고 분석하는 방식이 더욱 적합하다. 실제로 중국에서는 이러한 방식으로 자동차 하부를 검사하고 고장 부위를 탐지하는 사업을 운영 중이다(Elscope vision, 2023). 이 방식에서는 도로 노면에 특수한 고해상도 카메라와 센서를 장착해, 자동차가 해당 구역을 지나갈 때 하부를 자동으로 촬영하고 분석한다. AI는 촬영된 영상을 실시간으로 처리해 부식, 파손, 오일 유출, 볼트 풀림 등 다양한 이상 징후를 탐지한다.

자동차 하부 검사에서 AI 기술이 중요한 이유는, 다수의 차량을 신속하게 검사할 수 있다는 점 때문이다. 기존에는 차량 소유자가 정비소에서 정비사가 직접 하부 검사를 수행해야 했지만, AI 기반 자동 검사는 고해상도 카메라와 센서가 부착된 도로 노면을 통과함으로써 별도의 정비소 방문 없이도 정비가 필요한 차량을 선별, 차량 소유자에게 알림을 보낼 수 있다. 현재 AI 기반 하부 검사 기술은 현 상태에서의 고장 여부를 분석하는 수준에 머물러 있지만, 동일 차량의 데이터를 지속적으로 축적하고, 시간이 지남에 따라 변화하는 패턴을 분석하면, PdM 개념을 적용할 수 있다. 예를 들어 특정 자동차 하부의 부식 진행 속도나 특정 부품의 마모 상태를 장기적으로 추적하면 고장이 발생하기 전 사전 정비 시점을 예측할 수 있다. 이렇게 되면 차량 소유자는 정비소에서 고장이 난 후 수리하는 것이 아니라, 미리 필요한 정비를 수행해 고장을 방지할 수 있다. 이는 차량의 안정성을 높이고 운전자의 안전을 보장하는 동시에, 불필요한 유지보수 비용을 줄이는 효과도 가져온다.

로봇과 AI를 활용한 철도 및 자동차 하부 검사는 기존의 점검 방식보다 정밀하고 신속한 분석이 가능하며, 유지보수의 효율성을 극대화할 수 있다. 특히, 철도 차량은 로봇개와 같은 에이전트를 이용한 검사 방식을 고려할 만하며, 자동차는 노면 위의 촬영 시스템을 활용한 자동 검사 방식이 특히 유용한 것으로 보인다. 현재는 이상 감지 및 현 상태 분석이 주된 역할을 하지만, 향후 지속적인 데이터 축적과 분석이 이뤄지면 PdM으로 발전할 가능성이 크다. 이를 통해 철도 및 자동차 유지보수의 패러다임이 변화하고, 보다 효율적인 정비 시스템이 구축될 것으로 기대된다.

드론을 이용한 자동 정비

거대한 크기의 차량이나 구조물에서 이상 여부를 점검하는 작업은 매우 어렵고, 사람이 직접 수행할 경우 많은 거리를 이동해야 하므로 상당한 피로를 느끼거나 위험에 노출될 가능성이 높다. 특히 철도 차량, 항공기, 선박, 교량, 송전선 등과 같은 대형 구조물의 경우, 정비 인력이 모든 부분을 꼼꼼하게 점검하는 것이 쉽지 않으며, 높은 곳이나 협소한 공간에서는 점검 자체가 불가능한 경우도 존재한다. 이에 따라 드론을 이용한 자동 점검 기술이 발전하고 있으며, 이를 통해 사람이 접근하기 어려운 지역에서도 신속하고 효율적인 점검이 가능해지고 있다.

드론을 활용하면 단일 장비로도 광범위한 영역을 검사할 수 있으며, 고해상도 카메라 및 다양한 센서를 탑재하여 정밀한 검사가 가능하다. 또한 드론은 실시간 데이터 수집 및 분석 기능을 갖추고 있어 이상 징후를 조기에 탐지하고 즉각적인 조치를 취할 수 있도록 돕는다. 특히 군집 드론 기술(Swarm Drone Technology)을 적용하면 여러 대의 드론이 동시에 협력하여 점검을 수행할 수 있으며, 이를 통해 검사 속도와 효율성을 극대화할 수 있다.

이를 이해하기 위한 예시로, 참고할 만한 유튜브 영상(Clerckx, 2022)에서는 군집 드론을 이용해 대형 항공기의 상태를 점검하는 시뮬레이션 사례를 보여 준다. 군집 드론은 점검이 필요한 특정 영역을 나눠 각각의 드론이 다른 부위를 검사하도록 프로그래밍될 수 있으며, 이를 통해 보다 빠르고 효율적으로 점검을 진행할 수 있다. 또한 다양한 각도에서 영상을 수집할 수 있어, 기존 단일 드론 점검 방식보다 더욱 정밀한 검사가 가능하다.

드론은 주로 영상 수집 및 전송을 담당하며, 촬영한 영상은 중앙 서버로 전송돼 AI 기반 분석을 거치게 된다. 여기서 객체 탐지(Object Detection) 기술을 활용하면 영상 내 특정 부위에서 이상 여부를 자동으로 감지할 수 있다. 예를 들어 기체 표면의 균열, 부식, 변형 등을 판별할 수 있으며, 특정한 색 변화나 구조적 변형을 감지해 고장이 발생하기 전에 미리 문제를 발견할 수 있다. 이러한 AI 기반 영상 분석을 통해 예측 정비(Predictive Maintenance, PdM)가 가능해지며, 이를 통해 불필요한 유지보수 비용을 줄이고, 장비의 운용 안정성을 극대화할 수 있다.

드론의 조종 방식은 크게 수동 조종(Manual Control)과 자율 비행(Autonomous Flight)의 두 가지로 나뉜다.

수동 조종은 사람이 직접 드론을 조종해 원하는 영역을 점검하는 방식으로, 특정한 문제가 발견됐을 때 보다 정밀한 검사를 수행할 수 있다.

자율 비행 시스템은 프로그래밍을 통해 드론이 정해

진 비행 경로를 자율적으로 이동하며 점검을 수행하는 방식이다. 이 경우 AI 기반 비행 제어 기술이 필수적으로 적용되며, 드론이 스스로 이동하며 실시간 이상 탐지 기능을 수행할 수 있다. 이러한 자동화된 점검 방식은 효율성뿐만 아니라 안전성도 크게 향상시킬 수 있다.

이미 다양한 산업에서 드론을 활용한 점검 기술이 연구되고 있으며, 일부는 실제 현장에 적용되고 있다. 예를 들어 고압 전력선(High Voltage Power Line) 점검에 드론이 활용되는 사례가 있다. 철도에는 전기 열차 운행을 위한 고전압 전력선(약 2만5000V)이 설치돼 있으며(한국철도공사, 2021), 이를 점검하기 위해 드론을 활용하는 것이 사람보다 훨씬 안전하다(thedronelife, 2023). 기존에는 정비 인력이 직접 고소 작업을 수행해야 했지만, 드론을 활용하면 사람이 위험한 환경에 노출될 필요 없이 원격으로 점검이 가능하다.

드론을 이용한 전력선 점검 방식은 크게 두 단계로 진행된다.

첫 번째 단계는 영상 촬영 및 데이터 수집이다. 드론이 전력선과 철탑을 따라 이동하며 고해상도 카메라 및 열화상 카메라를 활용해 영상 데이터를 수집한다.

두 번째 단계는 AI 분석 및 이상 탐지다. 서버에 수집된 데이터를 AI 기반으로 분석해 애자(Insulator) 오염 여부, 전력선 손상, 구조물 변형 등을 탐지하고, 이상 징후를 발견하면 즉시 정비팀에 경고 신호를 보낸다.

특히 드론이 촬영한 대용량 영상 데이터에서 중요 부품을 자동으로 식별하는 AI 기술이 적용되면, 사람이 일일이 영상을 분석하는 수고를 덜 수 있다. AI는 전선, 송전탑, 애자 등 주요 부품을 자동으로 분류하고, 정비가 필요한 부분을 빠르게 탐색할 수 있도록 돕는다. 이를 통해 검색 효율성이 대폭 향상되며, 유지보수 작업의 정확성과 신속성이 크게 증가한다.

이와 관련하여 참고문헌(ALB Vieira-e-Silva, 2021)에서는 브라질에서 드론을 이용해 촬영한 영상 데이터를 AI로 분석해 중요 부품을 자동으로 찾아내는 연구 결과를 소개하고 있다. 브라질과 같이 광활한 영토를 가진 국가에서는 넓은 영역을 한 번에 점검하는 기술의 필요성이 더욱 높다. 드론을 활용하면 철도 및 전력망 점검 시 최소한의 인력으로 최대한 넓은 지역을 빠르게 점검할 수 있으며, 이를 통해 운영 효율성과 정비 비용 절감 효과를 동시에 얻을 수 있다.

드론을 활용한 이상 점검 기술은 철도 차량, 항공기, 선박, 송전선 및 다양한 대형 구조물의 유지보수에 필수적인 역할을 하게 될 것이다. 특히 AI와 결합된 자율 비행 드론은 사람이 접근하기 어려운 지역에서도 신속하고 정밀한 점검을 수행할 수 있도록 도와주며, 기존 점검 방식보다 비용 절감, 효율성 증가, 안전성 향상 등의 장점을 제공한다. 향후 기술이 더욱 발전하면, 드론을 활용한 예측 정비 시스템이 더욱 정교해져, 고장 발생 전에 미리 대응할 수 있는 안전한 예방 유지보수 체계가 구축될 것으로 기대된다.

로봇을 이용한 자동 공정

드론이 육안 점검을 자동화하는 데 활용되는 것 외에도, 로봇은 무거운 부품을 운반하거나 조립하는 작업을 수행하는 데 중요한 역할을 하고 있다. 특히 자동차 산업에서는 이미 로봇을 활용한 자동화가 광범위하게 상용화돼 있으며, 이는 생산성 향상과 비용 절감에 크게 기여하고 있다.

대표적인 사례로 테슬라의 자동차 생산 공장을 들 수 있다. 테슬라는 대형 로봇을 활용해 자동차 생산 공정을 자동화하고 있으며, 특히 무거운 차체를 이동시키고 필요한 위치에 배치하는 작업을 로봇이 담당하고 있다. 이를 통해 인간의 개입 없이 일정한 품질과 속도로 자동차 생산이 이뤄지고 있으며, 이는 생산 효율성을 극대화하는 데 중요한 역할을 한다. 테슬라의 이러한 자동화 생산 현장은 다음 링크(Business Insider, 2015)에서 확인할 수 있다.

현재 테슬라의 공장에서 활용되는 로봇은 AI가 탑재돼 있는지 여부가 명확하지 않지만, 테슬라는 AI 기반의 옵티머스(Optimus)라는 인간형 로봇을 개발해 생산 현장에서 인간을 대체하는 기술을 연구하고 있다고 발표한 바 있다(Tesla, 2024). 옵티머스는 단순한 기계적 동작뿐만 아니라, AI를 기반으로 주변 환경을 인식하고, 작업을 수행하는 능력을 갖춘 자율 로봇을 목표로 개발되고 있다.

테슬라뿐만 아니라, BMW도 로봇을 생산 공정에 투입할 계획을 공식적으로 밝힌 바 있다(BMW group, 2024). BMW는 테슬라와 마찬가지로 고도의 자동화 기술을 도입해 생산성을 높이는 방향으로 로봇을 활용할 계획이며, 이는 단순 조립 작업뿐만 아니라, 보다 정교한 생산 공정에서도 로봇이 중요한 역할을 하도록 설계되고 있다.

이러한 로봇 기반 자동화 기술은 자동차 산업뿐만 아니라, 철도 정비 및 유지보수 분야에서도 활용될 가능성이 크다. 철도 차량의 유지보수 작업에서는 부품 교체,

차량 수리, 철도 시설물 점검 및 보수 등 다양한 작업이 필요하며, 이러한 과정에서 로봇이 투입될 경우 작업 속도와 정밀도가 크게 향상될 수 있다.

철도 유지보수에 적용할 수 있는 로봇 기술은 다음과 같은 방식으로 활용될 수 있다.

중장비 로봇을 이용한 부품 운반 및 교체

철도 차량에는 무거운 부품이 많으며, 이를 사람이 이동하거나 교체하는 것은 많은 노동력과 시간이 필요하다.

산업용 로봇을 활용하면 부품을 자동으로 교체하거나, 필요한 위치로 정밀하게 배치할 수 있어 유지보수 효율이 증가한다.

자율 이동형 로봇을 활용한 정비 작업

바퀴 또는 다리가 달린 자율 이동형 로봇이 철도 차량을 따라 이동하며, 부식, 균열, 마모 상태를 점검하고 필요할 경우 정비 작업을 수행할 수 있다.

이러한 로봇은 AI와 결합된 컴퓨터 비전 기술을 통해 철도 차량의 상태를 실시간으로 분석할 수 있다.

인간형 로봇(Humanoid Robot)의 정비 작업 적용

옵티머스와 같은 인공지능 기반 인간형 로봇이 프로그래밍을 통해 특정 정비 작업을 수행할 수 있다면, 철도 유지보수에서도 활용될 가능성이 있다.

예를 들어 철도 차량 내부의 전기 시스템 점검, 소형 부품 교체, 나사 조이기 등 정교한 작업을 수행할 수 있도록 개발될 수 있다.

철도 정비 작업은 정기적인 유지보수와 긴급 수리가 함께 이뤄져야 하며, 작업 환경이 다소 열악할 수 있다는 점에서 로봇이 도입될 경우 많은 장점을 가질 수 있다. 로봇을 활용하면 반복적이고 힘든 작업을 자동화하고, 정밀도를 높이며, 작업 속도를 향상시킬 수 있다.

테슬라와 BMW가 연구 중인 로봇 기반 생산 자동화 기술은 먼 미래의 기술이 아니라, 가까운 미래에 실현될 가능성이 매우 높다. 따라서 이러한 로봇 기술이 철도 유지보수 분야에도 점진적으로 적용될 것으로 기대되며, 앞으로 철도 산업에서도 로봇이 인간을 보조하거나, 인간을 대체하는 작업 영역이 더욱 확대될 것으로 보인다.

참고문헌

한국철도공사(2021). 전차선로설비.

https://info.korail.com/info/contents.do?key=900
ALB Vieira-e-Silva et al.(2021). STN PLAD: A dataset for multi-size power line assets detection in high-resolution UAV images, proceedings of 2021 34th SIBGRAPI Conference on Graphics, *Patterns and Images*(SIBGRAPI).
Alstom(2023.6.13). Smart maintenance through AI and robotics. https://www.youtube.com/watch?v=c9xOix-SsGY
BMW group(2024.11.20). Pioneering the Future of Production. https://www.youtube.com/watch?v=nQoOKyA4Wj0
Business Insider(2015.10.7). Meet 'Iceman' and 'Wolverine' – the 2 coolest robots in Tesla's factory. https://www.youtube.com/watch?v=WYnOGAvQEgk
Clerckx, Servaas.(2022.6.24).Swarm of Drones for Aircraft Maintenance Inspection-Simulation. https://www.youtube.com/watch?v=s8vEXnXBHkM
Elscope vision(Intelligent Vehicle Inspection)(2023.11.23). Car underbody scanner. https://www.youtube.com/watch?v=XabJI1IQXI8
Tesla(2024.10.19). Optimus Navigating Around | Tesla. https://www.youtube.com/watch?v=DrNcXgoFv20
thedronelife(2023.6.25). Drone Powerline Inspection. https://www.youtube.com/shorts/vzx46vH-97I

04
AI 기술을 활용한 철도 시설물의 상태 · 결함 탐지 1

철도 레일의 결함은 열차 운행 중 사고로 이어질 수 있어 정기적인 점검이 필수적이다. 기존의 육안 검사 대신 AI와 영상 · 초음파 기술을 활용하면 결함을 자동으로 감지하고 분석할 수 있다. 이를 통해 유지보수 효율을 높이고 비용을 절감하며, 사고를 예방할 수 있다.

AI와 사주?

궤도 재료의 이상 유무 검사

철도 차량은 끊임없이 레일 위를 운행한다. 이로 인해 레일에 결함이 생기면 열차 운행에 따라 결함이 점점 더 커져 결국 레일이 끊어지는 절손으로 이어질 수 있다. 이는 큰 사고로 발전할 위험이 있다. 예를 들어 2022년 영등포 무궁화호 탈선 사고가 그 대표적인 사례다. 그러나 작은 결함이 생길 때마다 일일이 보수하는 것은 필요 이상의 노동력과 비용을 초래할 수 있다. 따라서 결함을 정기적으로 관찰하고, 결함의 크기나 심각성에 따라 적절하게 대응하는 것이 합리적이다. 이를 위해서는 우선 결함이 발생한 부위를 정확히 찾아내고, 이를 지속적으로 검사하여 알맞게 대응해야 한다.

현재는 결함 부위를 알아내고 정기적으로 검사하는 데 육안 검사에 의존하는 경우가 많다. 하지만 이를 AI를 활용해 수행하면 결함 부위를 찾고, 정기적으로 상태를 확인하는 것을 저비용으로 효율적으로 관리할 수 있다. 결함을 찾는 방법으로 가장 많이 사용되는 것은 영상과 초음파를 이용한 방법이다. 영상은 레일과 체결구, 침목의 결함을 탐지하는 데 사용되고, 초음파 탐상은 비파괴 방식으로 레일 내부의 결함을 찾는 데 사용된다. 카메라 장치를 운행 중인 기차에 장착하거나, 초음파 탐상차를 이용해 영상 정보와 탐상 기록을 수집한 후, 인공지능을 통해 결함 부위의 진전도, 크기, 상태를 검사하는 방식으로 결함을 점검한다.

이미 초음파 탐상차에서 내부 균열 등을 탐지하기 위해 초음파를 이용한 방식이 운용되고 있으며, 여기에 영상 촬영 기능을 추가할 수 있다. 이를 통해 결함을 더 정확하고 신속하게 탐지하고, 적시에 대응할 수 있을 것이다.

선로 검측차에 카메라를 장착해 레일과 체결구, 침목의 영상을 취득하는 예시도 있다. 이런 경우 카메라는 레일의 상태를 실시간으로 모니터링하며, 문제가 발생할 경우 이를 AI가 자동으로 분석해 결함의 크기나 심각성을 판단할 수 있다. 검측차 또는 기존의 객차에 영상 취득 장치를 추가적으로 부착하는 것도 가능하다. 영상 취득 과정을 거쳐 데이터를 획득한다(Zheng et al. 2021).

중국은 영상 취득 장치를 탑재한 소형 트롤리 검측 장비로 철로를 검사하는 연구를 진행한 바 있다. 선로 검측차 또는 다른 장비를 활용해 연속적으로 레일을 촬영한 후, 샘플링을 통해 서로 겹치지 않는 일정한 영역마다 검사를 수행할 수 있다. 이 방식은 레일의 결함을 정밀하게 점검하는 데 유용하다. AI를 적용해 결함의 유무와 심각한 정도를 판별하면, 결함이 발생한 위치와 상태를 정확히 파악할 수 있다. 이를 바탕으로 궤도 재료의 유지보수 시점을 결정하는 데 도움을 줄 수 있다.

AI는 대량의 영상을 빠르고 정확하게 분석할 수 있으며, 각 레일 구간에 대한 상태 정보를 실시간으로 제공한다. 이를 통해, 예측 가능한 시점에 정비를 진행하거나, 결함이 심각해지기 전에 사전 예방적으로 대응할 수 있다. 또한 정기적인 검사를 자동화해 효율적으로 관리할 수 있게 되며, 이를 통해 비용 절감과 함께 안전성을 높일 수 있다.

철도 선로의 이상 유무를 판단하기 위한 AI를 구성하기 위한 과정은 다음과 같다. 먼저 학습(training) 과정에서 축적된 여러 데이터들과 그에 해당하는 정답(normal or abnormal)을 AI에 제공한다. AI는 주어진 데이터와 정답을 바탕으로 패턴을 학습하고, 문제와 답을 연결하는 방법을 익힌다. 레일 표면에서 결함이 있는 부분은 비정상(abnormal)으로, 결함이 없으면 정상(normal)으로 표시된다. 이 과정에서 데이터의 양이 많을수록 AI는 더 다양한 패턴을 학습할 수 있어 성능이 향상된다.

학습을 마친 후, 테스트(testing) 과정에서 새로운 레일 표면 데이터가 주어지면, AI는 이전에 학습한 내용을 바탕으로 답을 출력한다. AI의 성능이 좋다는 것은, 이 테스트 과정에서 예측한 답이 실제 정답과 일치하는 경우가 많다는 뜻이다. 이 예시에서는 레일 표면 영상을 데이터로 사용했지만, 다양한 데이터 타입을 사용해 유사한 작업을 수행할 수 있다. 레일의 표면 영상을 사용하면, 레일 표면의 결함(defect)을 찾아내는 용도로 쓰일 수 있고, 선로 고정자(fastener)의 데이터를 사용한다면, 정상적이지 않은 고정자를 찾아내는 용도로 사용할 수 있을 것이다.

레일 표면에 초음파를 발사하는 방식을 이용하는 경우도 있는데(Andrew_G_Starr, 2023), 이는 표면뿐 아니라 내부의 균열까지 검침해낼 수 있다는 장점이 있다. 다만 이런 경우는 레일 표면과의 접촉이 필요하기 때문에, 영상으로 철로의 defect를 찾는 것보다는 좀 더 정밀하고 느린 작업이 필요한 단점도 있다.

캐나다에서는 레일 위에서 움직이는 차량에 가속도계를 설치해 레일 이음매(Rail Joint)와 궤도 선형 불량을 구분하거나, 레일 표면의 요철에 따른 차량의 가속도 변화를 측정해 철로의 defect를 찾아내는 연구를 진행한 바 있다(Yang et al., 2021).

레이저를 이용하여 defect 유무 및 정도를 판별할 수도 있다(Loccioni, 2018). 일정한 모양(주로 직선 모양을 가진다)의 레이저를 레일의 표면에 주사하면, 레일 표면의 모양에 따라 레이저가 반사되는 모양과 영역이 달라진다. 철로 표면의 깎여 나간 부분이나 파괴된 defect에서는 레이저가 굴곡돼 반사되는데, 반사되는 모양을 보고 defect의 깊이도 추정할 수 있다는 장점이 있다.

철로의 defect를 찾아내거나, 철로 고정자의 이상을 찾아낸 경우, 파괴되거나 이상 정도를 파악해 당장 조치를 취해야할 것인지, 추후 조치를 취할 만한 상황인지를 결정할 수 있고, 그런 경우 추적 관찰을 통해 대략적인 정비 필요 시점을 추정할 수 있다.

이러한 기술은 철도 뿐 아니라, 비행기의 표면 검사에서도 비슷한 방식이 적용되고 있다(Creaform 계측 솔루션, 2019). 다만 비행기의 경우는 사람이 직접 레이저 장치를 들고 측정하는 차이점이 있다.

검측차를 이용하는 것 외에, 드론(UAV)을 이용한 방법도 있다. 중국에서는 드론을 이용해 철로를 검침하는 연구를 진행한 바 있다(Wu et al, 2021).

검출 기술을 심화해, 영상의 픽셀 단위로 검출을 수행하는 이미지 분할(segmentation)을 궤도 결함 검출에 적용할 수 있다. 이미지 분할은 입력된 영상에서 특정 영역을 픽셀 단위로 정확하게 추출하는 기술이다. 이를 통해 레일 부분만을 추출하고, 결함을 더 정밀하게 검출할 수 있다.

철로 자체의 결함이 아니라, 라이다(LIDAR)를 이용해서 선로의 위치 또는 휘어진 정도의 데이터를 좀 더 정확하게 측정해 내는 방법도 있다(Manier et al, 2022). 라이다는 CCTV와 같은 영상 취득 장비에 비해 상당히 고가의 장비이지만, 영상이나 레이저로는 얻을 수 없는 정보를 제공해 줄 수 있다. 정밀한 결과를 바탕으로 궤도의 휘어짐 등 이상을 계산해 궤도의 이상 유무를 탐지할 수 있다. 라이다 센서의 고해상도 데이터를 활용하면 궤도뿐만 아니라 주변 환경의 세부적인 정보도 추출할 수 있다. 철도 시설물 구성 요소의 정상적인 위치를 데이터베이스화 한다면, 미세한 위치 변화 또는 변형 등을 감지할 수 있다.

코레일에서는 기존 선로를 모델링한 'Rail-view'라는 정보 시스템을 운영하고 있다. 이 시스템을 통해 선로의 상태를 시각화하고, 유지보수 작업을 효율적으로 수행할 수 있다. 위와 같은 연구를 참고해 선로만이 아니라 전선, 주변 환경 등 모든 영역에 대해 이미지 분할을 적용한다면, 그 활용도를 더욱 높일 수 있을 것이다. 이는 철도 시설의 전반적인 상태를 실시간으로 모니터링하고, 문제 발생 시 빠르게 대응할 수 있는 기회를 제공할 것이다.

참고문헌

Andrew_G_Starr(2023.5.26). Automated defect detection for the railway. https://www.youtube.com/watch?v=TINt6fcJDEo

Creaform 계측 솔루션(2019.8.15). NDT Surface Inspection for Aircraft Maintenance with SmartDENT 3D. https://www.youtube.com/watch?v=7mgSIkLAJu0

Loccioni(2018.8.9). Felix - Robotic Inspection of Railway Switches and Crossings - Overview, https://www.youtube.com/watch?v=cOLf9qMRN4A

Manier, A., et al.(2022.5). Railway lidar semantic segmentation with axially symmetrical convolutional learning. *ISPRS Annals of the Photogrammetry, Remote Sensing and Spatial Information Sciences.*

Wu, Y., et al(2021.6). Hybrid deep learning architecture for rail surface segmentation and surface defect detection. *Computer-Aided Civil and Infrastructure Engineering.*

Yang, C., et al.(2021). Developing Machine Learning-Based Models for Railway Inspection. *Applied Sciences.*

Zheng, D., et al.(2021). A Defect Detection Method for Rail Surface and Fasteners Based on Deep Convolutional Neural Network. *Computational Intelligence and Neuroscience,* https://onlinelibrary.wiley.com/doi/10.1155/2021/25655

05
AI 기술을 활용한 철도 시설물의 상태 · 결함 탐지 2

팬터그래프와 전차선의 안정적인 접촉은 철도 차량의 원활한 전력 공급에 필수적이다. 마모나 오염으로 인해 접촉 불량이 발생하면 전기 아크가 형성돼 장비 손상 및 사고로 이어질 수 있다. 이를 방지하기 위해 고속 카메라와 AI를 활용한 실시간 모니터링 시스템이 도입되며, 이를 통해 유지보수 시점을 최적화하고 철도 운영의 안전성을 높일 수 있다.

AI와 아이돌?

전기 시설

팬터그래프는 철도 차량이 전력을 공급받기 위해 전차선과 접촉하는 중요한 장치다. 철도 차량이 원활하게 운행되기 위해서는 팬터그래프와 전차선 간의 안정적인 접촉이 필수적이며, 이를 통해 일정한 전류가 공급돼야 한다. 하지만 시간이 흐름에 따라 팬터그래프의 슬라이더 부분과 전차선이 마모되거나 오염될 수 있으며, 이로 인해 접촉이 불안정해질 가능성이 있다. 접촉 불량이 발생하면 전력 공급이 원활하지 않을 뿐만 아니라, 전기 아크가 발생할 수도 있다. 전기 아크는 순간적으로 높은 전압과 열을 발생시키며, 이는 팬터그래프와 전차선을 손상시키고 더 나아가 전력 공급 시스템을 파괴할 위험이 있다. 따라서 팬터그래프와 전차선의 상태를 지속적으로 모니터링하고 이상 여부를 조기에 감지하는 것은 철도 시스템의 안전성과 효율성을 유지하는 데 매우 중요한 요소라 할 수 있다.

팬터그래프와 전차선의 상태를 검사하는 방법으로는 다양한 기술이 활용될 수 있다. 가장 기본적인 방식으로는 특정 지점에 CCTV를 설치해 팬터그래프와 전차선의 접촉 상태를 지속적으로 감시하는 방법이 있다. 그러나 이 방법은 정해진 위치에서만 모니터링이 가능하므로 전체 철도망을 감시하기에는 한계가 있다. 보다 효율적인 방법으로는 운행 중인 차량의 상단에 고속 카메라를 부착해 데이터를 수집하는 방식이 있다(Chen et al., 2022). 이 방법을 사용하면 팬터그래프와 전차선의 상태를 이동 중에도 실시간으로 모니터링할 수 있으며, 전체 철도 노선에서의 이상 여부를 포괄적으로 분석할 수 있다.

수집된 데이터는 철도 차량 내부에 설치된 서버에서 즉각적으로 분석될 수도 있고, 철도 차량 외부의 중앙 서버로 전송돼 분석이 수행될 수도 있다. 데이터를 철도 차량 외부로 전송하는 방식은 중앙집중식 데이터 관리 및 분석이 가능하다는 점에서 운영 효율성이 높을 수 있다. 또한 중앙 서버에서 수집된 데이터를 이용해 팬터그래프 및 전차선의 마모 경향을 분석하고 유지보수 일정을 최적화할 수 있다. 그러나 데이터를 외부로 전송하는 과정에서는 네트워크 통신 용량을 고려해야 하며, 터널과 같이 송수신이 원활하지 않은 구간에서는 데이터 손실이 발생할 가능성도 있다. 따라서 데이터 전송 방식은 철도 환경과 운영 방식에 따라 신중하게 결정될 필요가 있다.

AI 기술을 활용한 팬터그래프 및 전차선의 상태 검사

방법은 실시간 데이터 분석과 문제 감지 능력을 갖추고 있어 철도 운영의 안정성을 높이는 데 크게 기여할 수 있다. 링크(Rosinski, 2021)에서는 인공지능을 이용하여 팬터그래프와 전차선의 이상 유무를 탐지하는 방법을 소개하고 있다. 이 시스템에서는 카메라가 팬터그래프와 전차선의 접촉 상태를 연속적으로 촬영하며, 인공지능이 영상을 분석해 팬터그래프의 위치와 모양을 정확하게 추정한다. 이후 추가적인 AI 모델을 활용해 팬터그래프의 이상한 움직임이나 전기 아크 발생 여부를 검사하게 된다. 이를 통해 정상적인 접촉 상태를 유지하고 있는지, 또는 특정 위치에서 반복적으로 문제가 발생하는지를 파악할 수 있다.

팬터그래프와 전차선의 결함은 레일 표면의 결함 검사와 달리, 열차의 이동 중에 순간적으로만 관찰할 수 있는 경우가 많다. 따라서 결함 사항을 정확하게 탐지하는 것뿐만 아니라, 이를 실시간으로 처리하는 능력이 필수적이라고 할 수 있다. 이를 위해 AI는 단순히 영상을 분석하는 것을 넘어, 시간에 따른 패턴을 학습하고 변화를 감지하는 역할을 수행해야 한다. AI 기반 시스템은 팬터그래프와 전차선의 상태를 빠르게 분석해 이상 발생 여부를 즉각적으로 감지할 수 있으며, 문제 발생 시 신속한 대응이 가능하도록 지원한다. 또한 검사 목적에 따라 팬터그래프와 전차선을 주기적으로 분석해 마모된 부분과 그 정도를 데이터베이스화하고, 이를 기반으로 교체 및 수리가 필요한 시점을 예측할 수도 있다.

컴퓨터 기술의 발달로 정적인 감시뿐 아니라, 운행 중인 차량에 장착된 카메라와 AI 기술을 결합해 보다 정밀하고 신속한 검사가 가능해졌다. 향후 이러한 기술이 더욱 발전해 팬터그래프 및 전차선의 유지보수 시스템이 보다 지능화되고 자동화될 것으로 기대된다. 이를 통해 철도 운영의 안전성을 확보하고, 유지보수 비용을 절감하며, 전력 공급의 안정성을 극대화할 수 있을 것이다.

참고문헌

Chen, R., et al.(2022.7). High-Speed Railway Pantograph-Catenary Anomaly Detection Method Based on Depth Vision Neural Network. *IEEE Transactions on instrumentation and measurement,* 71.

Rosinski, J.(2021.11.3). Pantograph height and stagger detection – Pandas V. https://www.youtube.com/watch?v=PxKz7-KGroQ

06
철도 안전 관리 시스템

철도 운행 중 안전 관리를 위해 AI 기반 객체 탐지 기술을 적용하면 장애물과 사람을 실시간으로 인식하고 사고를 예방할 수 있다. 철도 차량과 건널목, 역사 내 CCTV를 활용한 감시 시스템을 구축해 위험을 사전 감지하고 자동 대응이 가능하다. 특히 철도 작업장에서 가상현실(VR) 기반 학습 데이터를 활용하면 작업자의 안전 감시 시스템을 더욱 정교하게 개발할 수 있다. 이를 통해 철도 사고를 줄이고, 철도 산업 전반의 안전성을 향상시킬 수 있다.

AI와 야구?

운행 중 철도 안전 관리

철도는 자동차에 비해 가속과 감속이 어려운 특성이 있다. 이는 철도 차량의 무게가 크고, 마찰력이 작은 레일 위를 달리기 때문이다. 따라서 철도가 지나는 철로에 장애물이나 사람이 있을 경우 긴급 정지를 하더라도 사고를 예방하기 어려운 상황이 많다. 특히 비가 많이 오거나 짙은 안개가 끼는 경우에는 더욱 그렇다. 시야가 제한되면 기관사가 장애물을 식별하는 데 어려움을 겪게 되고, 제동 거리가 길어지므로 충돌을 피하기 더욱 어려워진다. 사람이 차량과 함께 건너는 건널목에서는 사고의 위험이 더욱 커진다. 따라서 철도 차량과 다른 장애물 또는 사람과의 충돌 사고를 방지하기 위해 AI를 적용하는 것이 필요하다.

이 기술에서는 단순히 결함과 정상 여부를 구분하는 이진 분류(binary classification)가 아니라, 사람, 자동차, 길, 철로 등 다양한 물체를 세밀하게 구분할 수 있어야 한다. 이를 구현하기 위해 사용되는 대표적인 AI 기술이 객체 탐지(object detection)다. 객체 탐지는 영상에서 특정 물체를 찾아내고, 그 위치를 인식하는 기술로, 철도 환경에서 안전을 강화하는 데 필수적인 역할을 한다. 객체 탐지는 다양한 물체에 대한 영상 데이터를 학습해야 하므로, 이미 학습이 완료된 AI 모델(pre-trained model)을 활용하여 구현할 수 있다. 이후 철도 안전에 특화된 중요 데이터를 추가로 수집해, 기존 모델을 개선하는 과정인 파인튜닝(fine-tuning)을 수행하면 철도 환경에 최적화된 객체 탐지 모델을 개발할 수 있다.

철도의 안전 관리를 위해서는 기존의 객체 탐지 기술을 활용하면서도, 철도 관련 시설 및 주변 환경의 다양한 객체들을 탐지할 수 있도록 해야 한다. 따라서 객체 탐지 기술을 활용하되, 철도 시설물과 관련된 방대한 데이터를 추가적으로 학습하는 방식이 필요하다.

철도 차량이 지나가는 선로나 건널목을 예로 들면, 건널목에서 발견될 수 있는 보행자, 자전거, 자동차, 신호등 등의 객체들의 데이터를 활용해 AI 모델을 파인튜닝하고, 이를 실시간 영상 데이터에 적용해 화면에서 해당 물체를 찾아낼 수 있도록 한다. 이를 통해 건널목에서 발생할 수 있는 사고 위험을 사전에 감지하고, 필요한 조치를 자동으로 취할 수 있다. 이런 방법으로 철도 차량과 장애물 간의 충돌 사고를 예방하기 위한 보다 정확한 검출이 가능해질 수 있다.

철도 차량에 장착된 카메라와 철도 시설물에 설치된 객체 탐지 모델을 연동해 철도 차량이 주행 중 전방의 장애물을 실시간으로 분석하고, 위험 상황을 감지하는 시스템도 구축할 수 있다. 참고문헌(Zhang et al., 2022)에서는 철도 건널목에서 객체 탐지를 수행한 연구의 사례를 다루고 있다. 객체 탐지를 지속적으로 수행하다가 보행자 또는 차량이 위험한 영역에 진입하거나 철도 차량이 접근 중인 상황일 경우 즉각적으로 알람을 제공할 수 있다. 또한 다가오는 철도 차량에 자동으로 신호를 보내거나, 대형 언어 모델(LLM)과 결합해 건널목에서 경고 신호를 보내거나, 경찰에 자동으로 연락하는 시스템을 구축할 수도 있다. 이를 통해 철도 안전 관리의 자동화와 지능화를 더욱 발전시킬 수 있다.

철도 차량에 객체 탐지 기술을 적용하는 경우로는, 열차가 주행 중일 때 전방에서 행인이 철로 위를 지나가는 것을 탐지해 자동으로 경고를 보내거나, 기관사가 빠르게 대처할 수 있도록 도울 수 있다(Gao et al., 2021). 철도 차량 앞부분을 실시간으로 감시하고, 만약 행인의 위치가 철로와 겹친다면 위험 신호를 보내거나 속도를 줄이는 등의 대응이 가능해진다. 이를 통해 철도 사고를 예방하고 안전성을 더욱 강화할 수 있다.

철도는 아니지만, 자율 주행 차량의 경우에도 유사한 기능을 갖추고 있다. 대표적인 예로 자율 주행차 프로젝

트인 KITTI(Geiger, 2020)가 있다. KITTI 프로젝트에서는 객체 탐지 기술을 활용해 도로에서 사람, 자동차, 오토바이 등의 객체를 감지하고 추적하는 기능을 연구했다. 이러한 기술을 철도 환경에 적용하면, 철도 차량과 선로 주변의 움직이는 객체를 더욱 정확하게 감지하고, 이를 바탕으로 사고 예방 시스템을 고도화할 수 있다.

철도 역사 내 안전 관리

비슷한 기술을 적용해 철도 역사 내의 안전 상황을 점검하는 것도 유용한 접근이 될 수 있다. 철도역 및 지하철역에서는 다양한 사고가 발생할 가능성이 있는데, 특히 승강장에서의 안전사고는 승객들의 생명과 직결될 수 있어 더욱 신속한 대응이 요구된다. 철도 승강장과 지하철역에서의 사고 유형을 살펴보면, 취객이 승강장 가장자리에 앉거나 비틀거리며 걷다가 선로로 추락하는 경우, 에스컬레이터나 계단에서 중심을 잃고 넘어지는 경우가 대표적이다. 일본 국토교통성(MLIT)의 보고서에 따르면 이러한 사고의 약 60%가 취객에 의해 발생한다고 한다(최성록 외, 2018). 이는 취객이 균형 감각이 저하된 상태에서 이동하다가 발생하는 사고가 상당수임을 시사하며, 이러한 사고를 예방할 수 있는 기술적 접근이 필요함을 의미한다.

철도 역사 내에서 안전을 강화하기 위해 객체 탐지(object detection) 기술을 활용할 수 있다. 역사 내 주요 위험 지역인 승강장, 계단, 에스컬레이터 등의 구역을 CCTV로 촬영하고, 객체 탐지 기술을 적용해 실시간으로 감시하는 시스템을 구축할 수 있다. 참고문헌(이재영 외, 2018)에서는 역사 내 CCTV 영상에서 객체 탐지 기술을 적용해 일반 행인과 취객을 구분하는 연구가 이뤄졌다. 이 연구에서는 특정 패턴을 보이는 취객(예: 비틀거리며 걷거나 앉아 있는 경우)을 식별해 경고 신호를 제공함으로써 사고를 예방하는 방안을 제시했다. 이러한 시스템이 도입된다면, 취객이 승강장 가장자리에 머무르거나 비정상적인 움직임을 보이는 경우, 역사 내 보안 요원이나 역무원에게 실시간 경고를 보내 조기에 개입할 수 있다. 이로 인해 철도역에서의 사고 위험을 낮추고 보다 안전한 승객 환경을 조성할 수 있다.

이와 같은 객체 탐지 기술은 철도 역사뿐만 아니라 철도 작업장의 안전사고 예방에도 활용될 수 있다. 철도 작업장은 선로 유지보수, 신호 점검, 시설물 수리 등의 작업이 이뤄지는 곳으로, 높은 곳에서의 작업이나 기계와의 접촉 위험이 있는 환경이 많다. 따라서 작업자의 안전을 실시간으로 감시할 수 있는 시스템이 필수적이다. 작업장에서 발생할 수 있는 사고 유형으로는 작업자가 균형을 잃고 추락하는 사고, 열차가 접근하는 선로에서의 부주의한 행동, 무거운 장비와의 충돌 등이 있다. 이러한 사고는 중대한 인명 피해로 이어질 가능성이 높기 때문에, 사전 감지 및 예방 시스템이 필요하다.

특히, 가상현실(virtual reality, VR) 기술을 활용하여 철도 작업장의 위험 상황을 시뮬레이션하고, 이를 AI 모델 학습에 활용하는 방식도 고려될 수 있다. 참고문헌(Lee & Lee, 2023)에서는 가상현실 환경을 활용해 작업장에서 추락하는 데이터를 생성하는 연구가 수행됐다. 실제로 작업장에서 발생할 수 있는 추락 사고 데이터를 직접 수집하는 것은 매우 어려운 일이지만, 가상현실을 통해 다양한 위험 요소를 재현하고 시뮬레이션하면 추락 사고 발생 가능성이 높은 행동 패턴을 학습 데이터로 활용할 수 있다.

이러한 가상현실 기반 데이터를 활용하면, 실제 작업장에서 작업자의 행동을 감시하는 AI 시스템을 더욱 정교하게 만들 수 있다. 예를 들어 작업자가 안전 장비를 착용하지 않았거나, 일정 시간 동안 특정 자세를 유지해야 하는 상황에서 이를 어길 경우, 시스템이 이를 감지해 경고를 보낼 수 있다. 또한 작업자가 선로 근처의 위험 지역에 접근하는 경우, 실시간으로 알람을 울리거나, 즉각적으로 관제 센터나 관리자에게 통보하여 사고를 예방할 수 있다.

근로자가 위험 지역에 접근하거나 이상행동을 보일 경우, 자동으로 경고 알람을 제공하거나 긴급 연락을 취할 수 있는 연구가 진행됐다. 철도 현장에서도 유사한 기술을 적용할 수 있으며, 이를 통해 작업자의 위치를 실시간으로 추적하고, 그들이 위험 지역에 진입할 경우 즉각적인 대응이 가능하도록 할 수 있다. 예를 들어 철도 유지보수 작업자가 선로 위에서 일정 시간 이상 머물거나, 고소 작업 중 균형을 잃고 넘어질 위험이 있는 경우, 시스템이 이를 감지하고 즉각적인 경고를 보내거나 비상 대응 조치를 자동으로 실행할 수 있다.

또한 이러한 기술을 발전시키면 작업자의 생체 신호(예: 심박수, 움직임 패턴 등)를 분석해 피로 상태를 감지하는 것도 가능할 수 있다. 만약 작업자가 극도로 피곤한 상태에서 작업을 수행하는 경우 사고 발생 확률이 높아질 수 있으므로, 시스템이 이를 감지하고 적절한 휴식을 권고하는 기능을 추가할 수도 있다.

객체 탐지 기술과 가상현실 데이터를 활용한 안전 감

시 시스템은 철도 역사 및 철도 작업장에서 발생할 수 있는 다양한 사고를 예방하는 데 매우 효과적인 도구가 될 수 있다. 철도 승강장에서의 취객 사고 감지, 역사 내 CCTV를 활용한 실시간 안전 모니터링, 철도 작업장에서의 위험 요소 감지 및 대응 자동화 등의 기술을 종합적으로 활용한다면, 철도 산업 전반의 안전성을 획기적으로 향상시킬 수 있을 것이다.

참고문헌

이재영 외(2018.5).『철도역사 내 취객 안전 관리를 위한 지능형 인지 시스템 기술 개발』. 한국철도학회 학술 대회(춘계).

최성록 외(2018),지능형 영상 분석 장치 및 방법. 공개특허 10-2018-0000205.

Gao, H., et al.(2021). Multi-sensor fusion perception system in train. *proceedings of 2021 IEEE 10th Data Driven Control and Learning Systems Conference*(DDCLS).

Geiger, A.(2020.10.6.). KITTI-360. https://youtu.be/OonvYU5bx3s?si=3KFZ2BukJ-lVb2_f

Lee, J. & Lee, S.(2023). *Construction site safety management: A computer vision and deep learning approach.* Sensors.

Zhang, Z., et al.(2022.4). Artificial intelligence-aided railroad trespassing detection and data analytics: Methodology and a case study. *Accident Analysis & Prevention,* 168.

07
업무 자동화를 위한 AI

인공지능(AI)과 로봇 프로세스 자동화(Robotic Process Automation, RPA)의 결합은 문서 처리 자동화를 통해 업무 효율성을 극대화한다. AI의 컴퓨터 비전 기술과 대규모 언어 모델(Large Language Model, LLM)을 활용하면 영수증, 청구서, 계약서 등의 문서를 자동으로 분석 · 작성할 수 있다. LLM은 파인튜닝을 통해 특정 분야에 맞춰 최적화할 수 있으며, RAG(Retrieval-Augmented Generation)를 이용하면 최신 정보를 반영할 수도 있다. AI 기반 자동화는 생산성 향상, 비용 절감, 업무 혁신을 가능하게 한다.

AI와 운동주?

업무 자동화를 위한 AI

AI는 기계가 인간의 지능적인 작업을 수행할 수 있도록 해 데이터 분석, 패턴 인식, 예측 및 의사결정 지원 등 다양한 분야에서 활용된다. 이를 RPA에 통합하면, 정형화된 문서뿐만 아니라 다양한 형태의 문서도 처리할 수 있어 더욱 지능적이고 유연한 자동화 시스템을 구축할 수 있다.

AI는 크게 컴퓨터 비전 기술과 LLM이 많이 이용되고 있다. 컴퓨터 비전 기술로는 문서에서 텍스트를 추출하고, LLM으로는 문서의 내용을 이해해 재구성할 수 있다. 이로 인해 RPA와 AI의 결합은 영수증, 청구서, 계약서 등 다양한 문서를 자동으로 처리하고, 문서 작성과 요약을 자동화하는 데 활용된다.

업무 자동화는 반복적이고 규칙 기반의 작업을 자동화해 효율성을 극대화하고, 운영 비용을 절감하며, 비즈니스 프로세스를 혁신하는 데 기여한다. 특히 RPA는 단순 반복 업무를 대체해 업무 시간을 단축하고, 정확성을 높이며, 인력을 절감할 수 있다. 인보이스 처리, 경비 처리 자동화, 챗봇을 통한 고객 응대 등 다양한 분야에 적용돼, AI와 결합하면 예측 분석, 자연어 처리, 이미지 인식 등을 통해 더 복잡한 작업도 지원할 수 있다.

업무 자동화를 위한 RPA 소개

현대의 업무 환경에서는 반복적이고 규칙적인 작업이 많은 비중을 차지하고 있다. 이러한 작업을 보다 효율적으로 수행하기 위해 등장한 기술이 바로 RPA다. RPA는 소프트웨어 로봇을 활용해 사람이 수행하는 일상적인 업무를 자동화하는 기술로, 기업의 생산성과 업무 효율성을 크게 향상시키는 역할을 한다.

RPA의 핵심은 정형화된 반복 업무를 자동으로 처리하는 것이다. 예를 들어 데이터 입력, 보고서 작성, 이메일 분류, 회계 처리, 고객 정보 업데이트 등의 작업을 자동화할 수 있다. 이러한 자동화는 사람이 수작업으로 처리할 때 발생할 수 있는 오류를 줄이고, 업무 속도를 향상시키며, 직원들이 보다 창의적이고 고부가가치가 있는 업무에 집중할 수 있도록 돕는다.

RPA는 다양한 산업에서 활용되고 있으며, 특히 금융, 보험, 제조업, 서비스업 등에서 큰 효과를 보이고 있다. 금융권에서는 계좌 개설, 대출 심사, 사기 탐지 등의 업무를 자동화해 업무 처리 속도를 높이고 있다. 보험업계에서는 보험금 청구 및 지급 프로세스를 자동화함으로써 고객 서비스 품질을 개선할 수 있다. 제조업에서는 생산 계획 수립, 공급망 관리, 품질 검사 등의 과정에서

RPA를 활용해 비용 절감과 효율성 증대를 실현하고 있다. 서비스업에서는 고객 상담, 주문 처리, 예약 관리 등의 업무를 자동화해 보다 신속하고 정확한 서비스를 제공할 수 있다.

RPA를 도입하면 기업은 여러 가지 이점을 얻을 수 있다. 첫째, 단순 반복 업무의 자동화를 통해 생산성을 향상시키고 인건비를 절감할 수 있다. 둘째, 업무 처리 속도가 빨라지고 오류가 감소해 기업의 운영 효율성이 증가한다. 셋째, 직원들은 반복적인 업무에서 벗어나 보다 창의적이고 전략적인 업무에 집중할 수 있어 전반적인 업무 만족도가 향상된다.

하지만 RPA 도입에는 몇 가지 고려해야 할 점도 있다. 우선 자동화할 업무의 적절한 선별이 필요하다. 모든 업무를 자동화할 수 있는 것은 아니므로, 정형화된 프로세스와 규칙 기반의 업무를 중심으로 자동화를 추진하는 것이 효과적이다. 또한, RPA 시스템의 유지보수와 지속적인 업데이트가 필요하며, 업무 환경 변화에 따라 유연하게 대응할 수 있도록 설계해야 한다. 마지막으로, RPA 도입 후에도 직원들이 이를 효과적으로 활용할 수 있도록 적절한 교육과 지원이 제공돼야 한다.

RPA는 기업의 업무 프로세스를 혁신하고, 생산성을

향상시키며, 운영 비용을 절감하는 데 기여하는 중요한 기술이다. 적절한 업무 선정과 체계적인 도입 전략을 통해 RPA를 성공적으로 활용한다면, 기업의 경쟁력을 높이고 보다 효율적인 업무 환경을 조성할 수 있을 것이다.

업무 자동화를 위한 LLM

LLM의 본질은 사람의 언어를 이해하고 생성하는 것이다. 인간의 언어를 컴퓨터가 입력으로 받아들일 수 있는 벡터로 변환하는 과정이 필요하고, 이 벡터를 이용해 사용자가 요청한 입력과 연관된 정보를 데이터베이스에서 가져오고, 이를 기반으로 언어 모델은 사용자가 이해할 수 있는 언어로 결과를 생성한다.

인터넷에 연결되지 않은 독립적인 언어 모델을 만들고 싶다면, 개별적인 데이터를 준비하고, 이 데이터를 바탕으로 언어 모델을 파인튜닝(fine-tuning)해 줘야 한다.

파인튜닝이란 언어 모델이 일반적인 답변이 아니라 특정 분야에서 정교하고 정확한 답변을 하도록 추가적인 대화 쌍을 입력해 모델을 재훈련하는 과정이다. 예를 들어 의료 분야에 특화된 언어 모델을 만들기 위해, 의학 관련 데이터로 모델을 파인튜닝하면, 일반 모델보다 더 정확하고 전문적인 의료 정보를 제공할 수 있다.

예를 들어 파인튜닝하지 않은 기본 모델의 경우, "얼굴에 빨갛게 무엇인가가 나타났는데 가렵기도 해. 이것이 뭘까?"라고 물어보면 단순하게 "여드름 같습니다"라고 대답할 것이다. 그러나 의학 지식으로 파인튜닝한 모델이라면, "일부 감염은 피부에만 침범하고, 다른 종류는 피하연조직까지 침범합니다. 경미한 감염인 모낭염, 종기, 종창, 홍색음선이거나 연조직염, 림프관염, 괴사성 피부 같은 감염일 수 있습니다"라는 결과를 내줄 수 있다(젠틀파이 제이미, 2023).

파인튜닝을 위해서는, 질문-답변 데이터가 충분한 것이 좋다.

파인튜닝 외에도, RAG라는 방식이 존재한다. RAG는 외부 데이터를 실시간으로 검색해 LLM의 입력으로 넣어주는 방식을 사용하며, 외부 인터넷 연결을 가정한다. RAG는 베이스 모델과 별도의 자료(주로 인터넷)에서 데이터를 가져와, 사용자의 질문과 관련도가 높은 답변을 찾아 제공하는 방식이다. 이 방식은 LLM을 훈련시키는 데 필요한 시간적 비용이 상대적으로 저렴하고, 외부 데이터를 이용해 지속적으로 업데이트할 수 있는 장점이 있다. RAG를 통해 모델 학습 과정이 불필요해져, 상대적으로 빠르게 원하는 LLM 애플리케이션을 만들 수 있다. 그러나, 외부 자료의 신뢰성에 영향을 받을 수밖에 없으며, 인터넷을 통해 외부와 연결되기 때문에 보안 문제가 발생할 수 있다. 최신 자료의 지속적인 업데이트가 필요한 경우, RAG가 유리하다. 반면 외부와 단절된 독립적인 LLM 시스템을 구축하면 보안 측면에서 유리하다. 하지만 필요한 정보를 이용해 언어 모델을 파인튜닝해야 하며, 이를 주기적으로 수행할 수 있는 인력이 필요하다. 독립적인 시스템은 보안을 강화할 수 있지만 추가적인 비용이 발생할 수 있다.

따라서 최신 정보의 지속적 업데이트가 필요하면 RAG가 적합하고, 이미 주어진 질문-답변 자료에 집중해야 한다면 파인튜닝이 더 적합하다.

독립된 형태의 LLM을 On-Premises Solution이라고 하며, 보안상의 이유로 여러 회사에서 이를 도입하고 싶어하지만, OpenAI 등에서는 아직 정식으로 출시하지 않았다. 대신, OpenAI는 ChatGPT Enterprise 버전을 제공하고 있다. 이 버전은 기업의 요구 사항을 반영할 수 있으며, 엑세스 권한과 입력/출력 데이터의 소유권을 보장하고, 데이터 보관 기간을 설정할 수 있는 옵션을 제공한다. 기업은 ChatGPT Enterprise를 사용하기 위해, ChatGPT가 기업의 요구를 얼마나 반영할 수 있는지,

ChatGPT의 보안 정책이 기업의 보안 정책을 수용할 수 있는지를 고려해야 한다.

외부와의 연결을 원하지 않는 경우, 현 시점에서 Hugging Face 등에서 배포되는 다양한 오픈소스 모델을 독립된 서버에 설치해 사용할 수 있다. 대표적인 모델로는 Meta에서 배포한 LLaMA가 있다. 이 모델을 설치한 후, 회사 내에서 사용되는 질문/답변 데이터 모음을 기반으로 파인튜닝을 수행해야 한다.

독립된 LLM의 주요 장점은, 기업의 민감한 데이터가 외부 서버로 전송되지 않아 데이터 유출 위험이 줄어든다는 점이다. 금융정보, 개인정보, 의료정보 등 법적으로 데이터 보호가 필요한 분야에서는 내부 서버에 LLM을 설치하는 것이 법적 요구를 충족하면서 업무를 진행하는 데 유리하다. 또한 LLM을 기업 고유의 용어와 문맥을 반영하도록 맞춤 학습시킬 수 있어, 내부 고객 응답 데이터나 자문 데이터를 활용할 수 있다. 외부 인터넷 문제로 인한 통신 지연을 피할 수 있으며, 데이터 전송 비용도 절감된다. 업데이트와 운영을 기업에서 독자적으로 관리할 수 있다. 그러나 초기 비용이 상당할 수 있으며, 서버 인프라 구축, 모델 학습, 설치, 지속적인 유지보수, 업데이트, 인프라 운영에 대한 비용이 발생한다. 이러한 운영을 위한 전문 인력이 필요하다. 최신 LLM과 대등한 성능을 유지하거나 사용자 수가 급증하는 경우, 하드웨어 자원을 더 많이 필요로 하게 되며, 이는 하드웨어 비용 및 관리 비용의 증가로 이어질 수 있다.

LLM을 이용한 문서 작성

대규모 언어 모델(LLM)의 최고의 장점 중 하나는 문서 작성 능력이다. RPA와 결합하면 일정한 형식과 프로세스를 갖춘 문서를 효율적으로 작성할 수 있으며, RPA 없이도 LLM 자체만으로 정형화가 크게 필요하지 않은 문서를 작성할 수 있다. 대학에서는 많은 학생들이 ChatGPT와 같은 언어 모델을 이용해 리포트를 작성하는 사례가 늘어나면서 문제가 제기되고 있을 정도로 LLM은 다양한 형태의 문서를 다룰 수 있다. 기업에서는 각종 보고서가 주요 산출물로, 이는 LLM이 문서 작성에 큰 도움을 줄 수 있음을 의미한다.

ChatGPT를 이용해 프리젠테이션을 만들거나 유튜브 스크립트를 작성하는 것이 널리 알려져 있으며, 많은 회사원들이 이를 활용하고 있다. 예를 들어 언어 모델에 음성 인식 기능을 추가하면, 회의 시간에 LLM을 작동시켜 회의록을 자동으로 작성하거나, 특정 발언을 요약할 수 있다(삼성SDS, 2024). 이러한 기능은 내부 회의뿐만 아니라 원격 회의에서도 유용하다. LLM은 자막을 제공하거나 내용을 요약해 의사소통을 더욱 원활하게 할 수 있다. 이를 통해 기업은 효율적이고 정확한 문서 작성과 커뮤니케이션의 향상을 동시에 이룰 수 있다.

참고문헌

삼성SDS(2024.2.29). AI가 회의록 작성, 요약해 주는 브리티 코파일럿 사용법 | 코파일럿 업무 활용법과 사용 후기 | 생성형 AI Brity Copilot 도입 사례. https://www.youtube.com/watch?v=IROpeaNmMRI

젠틀파이 제이미(2023.8.30). 실전! LLM 파인튜닝 (1/2), brunch story. https://brunch.co.kr/@gentlepie/63

08
철도 비즈니스를 위한 AI

AI는 데이터 분석 및 예측 기능을 통해 RPA의 자동화 작업에 예측력을 더하고, 기업의 의사결정을 지원한다. 또한 학습 및 개선을 지속해 자동화 시스템의 성능을 향상시키며, 폐쇄형 언어 모델을 활용해 산업별 특화된 데이터 검색과 업무 지원을 가능하게 한다. 상담 업무에서는 챗봇과 AI 상담사가 단순 문의를 처리해 상담사의 부담을 줄이며, 실외 현장 업무에서는 음성 기록 및 자동 알림 기능을 통해 작업 효율과 안전성을 높인다.

AI와 한의학?

데이터 분석 및 예측

AI는 대규모 데이터 분석 및 예측 기능을 통해 로봇 프로세스 자동화(Robotic Process Automation, RPA) 작업에 예측 기능을 더할 수 있다. AI는 데이터를 분석하고 패턴을 인식해 미래의 경향을 예측하는 능력을 제공한다. 이를 통해 업무 결과 예측 및 미래 상황을 가정할 수 있다. RPA는 AI가 제공하는 예측 정보를 바탕으로 자동으로 규칙 기반 작업을 수행할 수 있다. 예를 들어 AI는 재무 데이터를 분석하여 미래의 재무 변동성을 예측할 수 있다. 이때 RPA는 이러한 예측 정보를 바탕으로 적절한 예상 재무 보고서를 자동으로 생성한다. 이를 통해 기업은 더욱 효율적이고 신속한 의사결정을 지원받으며, 자동화 시스템의 지능화를 통해 비즈니스 프로세스를 혁신할 수 있다.

의사 결정 지원

AI는 데이터를 바탕으로 의사결정을 지원하는 데 활용될 수 있다. 또한 RPA는 AI의 분석 결과를 바탕으로 자동화된 의사결정을 수행할 수 있다. AI는 경영 데이터를 분석해 인사이트를 도출하고, RPA는 이러한 인사이트를 바탕으로 규칙 기반 작업을 자동으로 수행한다. 예를 들어 인사 부서에서 AI는 직원의 성과 데이터를 분석해 성과 추이 및 미래 성과 예상치를 제공할 수 있다. RPA는 이 인사이트를 바탕으로 승진 및 보상 관련 문서 작업을 자동으로 생성하고 처리해 인사 관리 업무의 효율성을 높일 수 있다.

이러한 AI와 RPA의 결합은 더욱 전략적이고 신속한 의사결정을 가능하게 하며, 기업의 운영 효율성과 생산성을 향상시킨다.

학습 및 개선

AI는 학습 및 개선 기능을 통해 시스템 성능을 지속적으로 향상시킬 수 있다. AI는 데이터를 분석하고, 피드백을 새로운 데이터로 받아들여 재학습을 통해 성능을 개선한다. 이 과정에서 RPA는 반복적인 작업을 수행하면서 생성된 데이터를 AI에 지속적으로 제공하여, AI가 학습할 수 있는 데이터를 만들 수 있다. 예를 들어 고객 지원 부서에서 AI는 고객의 별점 점수 데이터를 분석해 고객의 선호도와 요구 사항을 학습한다. RPA는 이 학습 결과를 바탕으로 고객 요구 보고서를 생성하고, 프로세스를 자동으로 조정하거나 개선된 서비스를 제공해 고객 만족도를 높일 수 있다. 또한 IT 지원 부서에서 AI는 시스템의 로그 데이터를 분석해 문제를 일으키는 가입자 또는 문제 행위를 사전에 식별할 수 있다. RPA는 문제 해결을 위한 보고, 신고, 대응 절차를 자동으로 수행함으로써 IT 지원 업무의 범위를 넓히고, 시스템 안정성을 높일 수 있다. 이러한 AI와 RPA의 결합은 자동화 시스템을 더욱 지능적이고 유연하게 만들며, 기업의 운영 효율성과 고객 만족도를 향상시키는 데 기여한다.

폐쇄형 언어 모델의 내부 이용

독자적인 언어 모델은 ChatGPT처럼 일반적인 질문에 답할 수 있을 뿐만 아니라, 특정 산업이나 기업에서 사용하는 용어에 맞게 번역하거나, 이용자의 질문을 SQL로 변환해 데이터를 즉시 찾아 주는 역할도 할 수 있다. 기존에는 이용자가 데이터베이스를 직접 SQL로 검색해야 했지만, 언어 모델은 IT에 익숙하지 않은 직원들도 편리하게 데이터를 검색할 수 있도록 돕는다.

예를 들어 수천 건의 보고서를 검색해 동일한 업무를 수행할 수 있는 여러 가지 방식을 동시에 찾아내고, 이를 비교하고 선택할 수 있게 도와준다. 이를 통해 신규 인력도 빠르게 업무를 습득할 수 있으며, 중복이나 낭비 없이 효율적으로 업무를 수행할 수 있다.

삼성SDS가 삼성바이오로직스의 의뢰로 AI와 RPA를 결합해 이용자의 질문을 SQL로 변환, 프로세스별 실패 및 성공 데이터베이스를 검색해 답을 제공하는 서비스를 구축한 사례를 소개한다(Brity Automation, 2024). 이 서비스는 사내에 축적된 데이터를 활용해 효율적이고 정확한 정보 제공을 가능하게 한다.

이 회사의 경우, 데이터베이스에 표준적인 업무 프로세스와 제품 개발의 업무 진행 방법에 따른 결과 등을 저장해 뒀다. 또한 삼성바이오로직스에 통용되는 언어와 사업 분야에서 사용되는 전문 용어들을 언어 모델에 학습시켰다.

이로 인해 언어 모델은 삼성바이오로직스의 특정 문맥과 용어를 정확히 이해하고 처리할 수 있게 됐다. 이를 통해, 사용자가 자연어로 질문하면, 모델은 이를 SQL로 변환해 적절한 데이터를 데이터베이스에서 추출하고, 사용자에게 유의미한 답변을 제공할 수 있다. 전문적인 지식과 용어가 필요한 질문도 정확히 처리할 수 있어, 업무의 효율성과 정확성을 크게 향상시켰다.

상담 업무에 이용

고객을 상대하는 모든 회사에서 가장 어려워하는 업무

중 하나가 고객 서비스(CS)다. CS를 담당하는 상담사는 감정 노동의 강도가 매우 높다고 알려져 있다. 어려운 상담의 경우는 인간 상담사가 담당하고, 간단한 상담 업무는 AI가 대체함으로써 상담사의 노동 강도를 완화하려는 노력이 많은 기업에서 이뤄지고 있다.

이러한 접근은 AI 기술을 활용해 반복적이고 단순한 질문에 자동으로 답변하는 챗봇이나 음성 인식 시스템을 도입해 상담사의 업무 부담을 줄이는 데 도움이 된다. KT가 AI 기술을 활용해 CS를 진행하고 있는 사례를 소개한다(KT-케이티, 2022). KT AI고객센터는 전화상으로 이용자와 음성으로 통화해 소액 결제 한도를 변경해 달라는 이용자의 요청을 처리하는 것을 보여 줬다. 복잡하거나 예외적인 문제는 여전히 인간 상담사가 처리하므로 고객 경험의 질을 유지하면서도 상담사의 스트레스를 줄일 수 있다. 이러한 업무 분담 전략은 기업의 생산성 향상과 상담사의 근무 환경 개선에 기여할 수 있다.

이미 많은 기업이 간단한 상담 업무에 자동응답시스템(ARS) 서비스를 도입해 상담사의 업무를 완화하고 있다. 그러나 LLM의 발전으로 인해 더 고차원의 상담이 가능해졌다. LLM은 많은 문서를 입력받아 사용자의 질문에 가장 가까운 데이터를 찾아 이를 인간의 언어로 출력하는 기능을 갖추고 있다. 이러한 능력을 활용해 AI 변호사가 등장했다(채널A News, 2024; AI Lawyer, 2024). AI 변호사는 이미 공개된 판결문들을 학습하고, 사용자의 질문에 해당하는 판결 사례를 찾아 답을 제공하는 방식으로 작동한다. 이러한 AI 변호사는 법률 상담 서비스에서 특히 유용하며, 법률 자문 비용을 절감하고, 더 많은 사람에게 법률 지식에 접근 가능하게 하는 데 기여할 수 있다.

이런 서비스를 이용한다면, 개별적으로 변호사를 만나 일일이 자문을 받아야 하는 경우는 줄일 수 있을 것으로 보인다.

실외 현장 업무에서의 이용

AI는 사무실뿐만 아니라 실외 현장 근무에서도 활용될 수 있다. 현장 근무자들은 다양한 IT 기기를 지니고 업무를 수행하며, 음성으로 업무 진행 상황을 녹음해 이를 텍스트로 변환해 기록할 수 있다. 또한 근무자의 요청에 따라 업무 매뉴얼을 읽어 주는 기능도 제공할 수 있다. 특히 근무자의 요청이나 긴급 상황 발생 시, AI는 자동으로 관련 부서에 연락해 업무 효율을 강화할 수 있다. 이러한 기능은 현장 근무자들이 보다 안전하고 효율적으로 작업을 수행할 수 있도록 돕는다. 추가로 CBM(Condition Based Maintenance)과 AI를 결합하면, 각종 센서 데이터를 분석해 정비가 필요한 시점을 예측할 수 있다. 예측된 시점이 다가오면 자동으로 알람을 주거나 이메일, 정비 의뢰서를 작성해 정비 절차를 사전에 준비할 수 있다.

참고문헌

Brity Automation(2024.4.25). SAMSUNG SDS_생성형 AI기반 업무 자동화 사례_삼성바이오로직스(Brity Automation Summit 2024 : 2024.4.5.). https://www.youtube.com/watch?v=It00lLH-F0c

KT-케이티(2022.2.5). 365일 24시간 고객님의 상담을 돕는 [KT AI 고객센터]. https://www.youtube.com/watch?v=grKQwg18KGE

채널A News(2024 7.14). 법률 상담 '뚝딱'…'AI 변호사' 두고 충돌 | 뉴스A. https://www.youtube.com/watch?v=R_7aYSso5h4

AI Lawyer(2024.7.4). Ask AI Lawyer about laws. https://www.youtube.com/watch?v=92eeSxy30Gk

09

앞으로 시도해야 할 주제들

강화 학습을 활용한 정비 스케줄링은 철도 유지보수를 최적화하며, 실시간 변수를 반영해 동적 스케줄을 자동 생성할 수 있다. 생성형 AI는 사고 데이터를 가상으로 생성해 위험 감지 AI 학습에 활용되며, 준지도 학습과 퓨샷 러닝은 적은 데이터로도 효과적인 학습을 가능하게 해 데이터베이스 생성 부담을 낮춰 줌으로써 AI 적용 범위를 확장한다.

AI와 화장품?

강화 학습을 이용한 정비 스케줄링

지금까지 소개한 기술들은 개별적인 차량 및 시설의 유지보수를 중점적으로 다뤘지만, 코레일과 같은 대규모 철도 운영 기업에서는 다수의 차량과 다양한 설비의 유지보수를 효율적으로 시행해야 한다. 이를 위해서는 단순히 차량의 고장 여부를 진단하고 개별적으로 대응하는 것을 넘어, 부품 및 장비의 재고 관리, 정비소 및 수리 시설의 가용성, 유지보수 방법론, 숙련된 인력의 배치까지 포괄적으로 고려해야 한다. 이와 같은 요소들은 상호 복잡하게 얽혀 있어, 사람이 수작업으로 최적의 정비 일정을 수립하는 것은 현실적으로 어려운 문제다.

이러한 문제를 해결하기 위해 수많은 요소를 동시에 고려해 최적의 정비 스케줄을 자동으로 생성하는 알고리즘이 연구되고 있으며, 최근에는 강화 학습(Reinforcement Learning, RL)을 적용해 기존의 정비 스케줄링 방식보다 더욱 정교하고 효율적인 방법이 개발되고 있다. 강화 학습은 주어진 환경에서 최적의 행동을 학습하는 방식으로, 정비 스케줄링에서는 미리 계획된 유지보수 일정뿐만 아니라, 예기치 못한 고장이나 긴급 정비 수요까지 반영해 동적인 최적 스케줄을 생성하는 데 활용될 수 있다.

철도 분야는 아니지만, 항공기 정비 스케줄링에서 강

화 학습을 적용한 연구 사례를 살펴보면, 이러한 기술이 철도 유지보수에도 충분히 응용될 가능성이 있음을 알 수 있다. 기존의 탐욕적 알고리즘(Greedy Algorithm)을 기반으로 한 스케줄링은 정비소의 가용성, 장비의 사용 가능 여부, 인력 배치 등을 단순한 규칙 기반으로 처리하는 데 한계가 있었다. 그러나 강화 학습을 적용한 스케줄링 기법은 실시간으로 가용 자원을 반영하고, 갑작스럽게 발생하는 정비 요청까지 동적으로 조정할 수 있는 능력을 제공한다. 연구에 따르면, 강화 학습을 적용한 항공기 정비 스케줄링 시스템은 기존의 CM(Corrective Maintenance) 방식 대비 정비 비용을 약 46% 절감하는 효과를 보였다(Bai et al., 2024).

이러한 강화 학습 기반의 정비 스케줄링 기법은 철도 차량 유지보수에도 유사한 방식으로 적용될 수 있다. 철도 차량의 정비는 주어진 시간 내에 최적의 차량을 정비소로 입고시키고, 필요한 부품을 신속히 공급하며, 가용 인력을 효과적으로 배치하는 것이 핵심 과제다. 또한 정비 일정 중 돌발적인 차량 고장이나 유지보수 인력의 부족 상황이 발생할 수 있는데, 이러한 예외 상황까지 고려하여 스케줄을 자동으로 조정하는 것이 필요하다. 강화 학습 모델을 활용하면 이러한 문제를 해결할 수 있으며,

유지보수 효율을 극대화하는 동시에 비용을 절감할 수 있다.

강화 학습을 이용한 정비 스케줄링 기술은 기존의 정비 방식보다 더욱 신속하고 정확한 유지보수가 가능해지며, 불필요한 비용과 시간을 절감할 수 있는 가능성이 높다. 철도 산업에서의 본격적인 적용을 위해서는 철도 차량의 운행 데이터, 정비소의 가용성, 부품 재고 상황, 인력 배치 등의 요소를 학습 데이터로 활용해 강화 학습 모델을 최적화하는 연구가 필요할 것이다.

생성형 AI

공사 현장이나 위험한 작업 환경에서는 안전 사고를 예방하기 위해 AI를 활용한 실시간 위험 탐지 및 알람 시스템이 점점 더 중요해지고 있다. 이러한 기술을 통해 위험한 상황을 조기에 감지하고 즉각적인 경고를 제공하거나 긴급 신고를 수행할 수 있다. 그러나 이러한 AI 시스템을 효과적으로 학습시키기 위해서는 위험한 상황에서 발생하는 데이터가 필요하다.

하지만 실제 공사 현장에서 발생하는 사고 데이터를 확보하는 것은 여러 가지 어려움이 따른다. 첫째, 위험한 상황을 직접 촬영하거나 기록하는 과정에서 작업자의 안전이 위협받을 수 있으며, 둘째, 윤리적 문제로 인해 의도적으로 사고를 재현하는 것은 불가능하다. 또한, 공사 현장에서의 사고는 예측이 어렵고 발생 빈도가 낮아, 충분한 학습 데이터를 확보하는 것이 매우 어렵다.

이러한 문제를 해결하기 위해 본문에서는 가상현실을 이용한 데이터 생성을 언급했지만, 최근에는 생성형 AI(Generative AI)를 활용해 위험한 상황의 데이터를 인위적으로 생성하고, 이를 이용해 AI 모델을 학습시키는 연구가 활발히 진행되고 있다. 예를 들어 익사 위험에 처한 사람의 이미지를 생성한 후 이를 기반으로 익사 위험 감지 모델을 학습시키는 연구가 수행된 바 있다. 해당 연구에서는 생성된 데이터를 활용해 익사 위험 탐지 성능을 향상시키는 실험을 진행했으며, 그 결과 93% 이상의 높은 정확도를 달성할 수 있었다(Kim et al., 2023).

이와 같은 방식은 공사 현장에서도 적용될 수 있다. 예를 들어 공사장에서 발생할 수 있는 다양한 사고 유형(추락, 기계와의 충돌, 붕괴 등)을 시뮬레이션해 해당 데이터를 생성하고, 이를 기반으로 인공지능을 학습시키는 것이다. 이렇게 학습된 AI는 실제 현장에서 실시간으로 영상을 분석해 위험한 상황을 감지하고, 즉각적인 경고를 제공하거나 관리자에게 자동으로 신고하는 역할을 수행할 수 있다.

생성형 AI를 이용한 위험 데이터 생성 기법은 기존에 확보하기 어려웠던 데이터를 보완할 수 있는 효과적인 방법이 될 수 있다. 이를 통해 공사 현장 및 기타 위험한 작업 환경에서 보다 정교한 AI 기반 위험 감지 시스템을 구축할 수 있으며, 궁극적으로 작업자의 안전을 보호하는 데 큰 기여를 할 수 있다.

준지도 학습, 퓨샷 러닝

현대 AI 기술의 발전에서 대량의 데이터 확보는 매우 중요한 요소로 작용한다. 특히 신경망 모델을 포함한 최신 기계 학습 기법들은 방대한 양의 데이터를 필요로 하며, 이를 통해 높은 성능을 발휘할 수 있다. 그러나 현실적으로 대량의 데이터를 수집하는 과정은 시간과 비용이 많이 들고, 데이터 품질을 보장하기 위해서는 정확한 정답(라벨)을 부여하는 라벨링 작업도 필수적이다. 이 과정에서 상당한 인적 자원과 비용이 소모되며, 경우에 따라서는 필요한 데이터를 확보하는 것 자체가 어려운 경우도 있다.

이러한 문제를 해결하기 위해, 적은 양의 라벨링된 데이터만으로도 AI를 효과적으로 학습시킬 수 있는 다양한 방법이 연구되고 있다. 대표적인 접근 방식으로 준지도 학습(semi-supervised learning)과 퓨샷 러닝(few-shot learning)이 있다.

준지도 학습

준지도 학습은 일부의 라벨링된 데이터와 다량의 라벨링되지 않은 데이터를 함께 활용해 AI 모델을 학습시키는 기법이다. 가장 대표적인 방법 중 하나는 '유사 라벨링(pseudo-labeling)' 기법으로, 라벨링이 된 소수의 데이터를 먼저 모델에 학습시키고, 이후 이 모델을 사용해 라벨링이 없는 데이터의 정답을 예측해 가상의 라벨을 부여한다. 그런 다음 새롭게 부여된 의사 라벨 데이터를 추가적으로 학습시켜 모델의 성능을 점진적으로 향상시키는 방식이다.

준지도 학습의 핵심은 라벨링이 없는 데이터를 활용해 추가적인 정보 학습이 가능하다는 점이며, 다양한 연구에서 이를 더욱 효과적으로 활용하기 위한 방법론이 개발되고 있다. 예를 들어 일관성 규제(consistency regularization) 학습 기법은 동일한 데이터에 노이즈를 추가한 후에도 모델이 일관된 출력을 내도록 강제하는 방식으로, 데이터가 적을 때에도 보다 일반화된 모델을 학습하는 데 도움을 줄 수 있다.

퓨샷 러닝

퓨샷 러닝은 극도로 적은 양의 라벨링된 데이터를 사용해 모델이 학습할 수 있도록 하는 방법론이다. 기존의 지도 학습 방식은 충분한 양의 학습 데이터를 필요로 하지만, 퓨샷 러닝은 소량의 데이터만으로도 새로운 클래스를 인식할 수 있도록 설계돼 있다.

퓨샷 러닝에서 대표적인 접근법은 서포트 세트(support set)를 구축하는 것이다. 모델은 주어진 입력 데이터와 서포트 세트 내 데이터 간의 유사성을 비교해 새로운 입력 데이터가 어떤 카테고리에 속하는지 추론한다. 이를 위해 모델은 사전 학습된 데이터 세트(예: ImageNet)에서 일반적인 특징을 먼저 학습한 후, 소량의 새로운 데이터의 특징벡터를 이용해 빠르게 비교하는 메커니즘을 갖춘다.

이 방식은 특히 의료 영상 분석, 산업 현장의 사고 탐지, 자율 주행 시스템 등 데이터 확보가 어려운 분야에서 유용하게 활용될 수 있다. 예를 들어 공사 현장과 같이 위험한 환경에서 발생하는 사고 데이터를 직접 수집하는 것은 현실적으로 어렵고 윤리적인 문제를 초래할 수 있다. 하지만 퓨샷 러닝을 활용하면 소수의 사고 데이터만으로도 모델을 학습시켜 위험 상황을 인식하는 데 효과적으로 사용할 수 있다.

이러한 방법들을 활용하면 데이터 수집이 어려운 다양한 분야에서도 AI를 실용적으로 적용할 수 있다. 예를 들어 사고 현장의 데이터를 직접 확보하는 것이 어렵다면, 가상 데이터를 생성해 학습하는 접근 방식도 가능하다. 최근 연구에서는 데이터베이스의 0.1%에 해당하는 소량의 라벨링된 데이터만으로도 충분한 성능을 얻을 수 있음을 보여 줬다(Tseremoglou & Santos, 2024).

이러한 기법들은 특히 데이터 수집이 어려운 분야에서 AI의 활용 가능성을 크게 확장하는 중요한 기술적 진전으로 평가받고 있다. 이를 통해 위험한 환경에서의 사고 탐지, 희귀 질환의 진단, 새로운 제품의 이미지 분류 등 다양한 실용적인 문제를 해결하는 데 기여할 수 있을 것으로 기대된다.

참고문헌

Bai, B., et al.(2024.5). Research on dataset generation and monitoring of generative AI for drowning warning system. *IEEE Access,* 12. https://arxiv.org/abs/2303.14969.

Kim, D., et al.(2023.3). Universal few-shot learning of dense

prediction tasks with visual token matching.
Tseremoglou, I., & Santos, B. F.(2024.6). Condition-based maintenance scheduling of an aircraft fleet under partial observability: A deep reinforcement learning approach. *Reliability Engineering & System Safety.*

10
교육 과정에의 시사점

CBM(Condition-Based Maintenance)과 AI를 결합한 정비 기술이 세계적으로 확산되면서 이에 맞춘 교육의 필요성이 커지고 있다. CBM은 IoT(Internet of Things)와 유사한 개념으로, IoT 기반 교육을 통해 센서 데이터를 수집 · 분석하고 AI와 결합하는 방식으로 학습할 수 있다. 현재 철도 분야에 특화된 CBM 교육기관은 부족하지만, IoT 및 CBM 관련 일반 교육과정은 존재한다. 향후 철도 CBM 교육에는 드론 운용 및 컴퓨터 비전, 독립형 LLM 구축 등의 요소를 추가하는 것이 효과적이며, 이를 통해 실무 적응력을 높일 수 있다.

종교와 AI?

교육과정에의 시사점

지금까지 차량 정비의 발전 방향과 CBM의 개념에 대해 알아봤다. 미국, 프랑스, 중국 등 세계 여러 나라에서는 차량 정비에 CBM의 개념을 도입하고 AI를 결합하는 시도를 이미 활발히 진행하고 있다. 인구 감소와 산업 현장에서 로봇이 인간의 노동력을 대체하는 트렌드를 고려할 때, 차량 정비와 관련된 데이터를 자동으로 수집하고 이를 AI와 결합해 분석 및 대응 방안을 도출하는 것이 미래의 정비 방향으로 자리 잡을 것으로 보인다. 이러한 변화에 맞춰 교육 현장에서 배출하는 학생들도 이러한 업무를 수행할 수 있도록 교육받아야 할 필요성이 커지고 있다.

다행스럽게도 CBM의 개념은 IoT의 개념과 매우 유사하다. IoT는 다양한 센서를 설치하고, 이 센서에서 수집된 정보를 마이크로프로세서로 전송해 제어하는 방식으로 작동한다. 따라서 CBM을 효과적으로 도입하기 위해 IoT 교육을 기반으로 한 교육 과정을 구성하는 것이 적합할 것으로 보인다. 특히, CBM과 AI를 결합하는 방향으로 나아가기 위해서는 IoT 데이터로 AI를 학습시키고 이를 실질적으로 구동하는 교육이 필요하다.

IoT 교육과정의 기본 개요

IoT 교육과정의 기본적인 개요는 아래와 같다.

기초 단계

· IoT 개념 및 개요: IoT의 정의, 역사, 주요 구성 요소(센서, 액추에이터, 프로세서 등)에 대한 이해.

· 네트워크 기초: 네트워크 개념, 주요 프로토콜(TCP/IP, HTTP, MQTT 등), IoT 네트워크 구조(Edge, Fog, Cloud)를 학습.

· 임베디드 시스템: 마이크로컨트롤러(Arduino, Raspberry Pi) 기초, 센서 및 액추에이터 연결과 제어 실습.

중급 단계

· IoT 프로토콜 및 통신: 다양한 IoT 통신 기술(Wi-Fi, Bluetooth, Zigbee, LoRa, NB-IoT 등)을 학습.

· 데이터 수집 및 분석: 센서 데이터 수집, 데이터 전처리 과정, 클라우드 플랫폼(Google Cloud IoT, AWS IoT) 활용법.

· IoT 보안: IoT 장치의 보안 위협에 대한 대응 전략, 데이터 암호화, 인증 및 권한 부여 기법.

고급 단계

· IoT 시스템 통합: 다양한 IoT 디바이스와 플랫폼의 통합, 시스템 아키텍처 설계.

· AI 및 IoT: AI를 활용한 IoT 데이터 분석, 예측 모델링, 스마트 시스템 개발.

· 프로젝트 기반 학습: 실제 IoT 프로젝트 설계 및 구현, 스마트 홈, 스마트 시티, 산업 IoT 등 다양한 응용 사례.

위와 같은 교육과정을 생각할 수 있다.

CBM과 IoT 교육의 연계

IoT 교육과정에서 CBM을 위한 데이터를 활용하면 학생들이 졸업 후 현장에 더 잘 적응할 수 있다. 이를 위해 철도 운영 회사나 철도 차량 회사로부터 교육용 CBM 데이터를 제공받는 것이 이상적이다. 이러한 데이터 제공이 어렵다면, 항공 데이터나 차량 데이터 등 유사한 데이터를 활용할 수 있도록 하는 것도 좋은 방안이다. 최악의 경우에도, GitHub 등의 오픈소스 플랫폼에서 CBM 데이터를 얻어 CBM과 AI를 결합해 정비 관리를 시도하는 교육을 시행하는 것이 필요하다.

이러한 교육과정은 학생들이 실무에서 요구되는 기술

을 익히고, 빠르게 변화하는 산업 환경에 적응할 수 있는 능력을 기르는 데 중요한 역할을 할 것이다.

안타깝게도 현재까지 전문적으로 IoT 교육과정을 철도 차량의 CBM과 결합해 교육하는 기관을 찾을 수는 없었다. 다만 IoT 교육과정을 제공하는 교육기관과 CBM을 교육하는 기관들은 찾을 수 있었다. IoT 교육과정을 제공하는 대표적인 해외 교육기관으로는 미국의 University of California in Sandiego 대학이 있었다. IoT 교육과정에 철도 차량에 특화된 과정을 발견할 수 없었던 이유는, IoT 자체가 매우 다양한 환경에 세팅된 다양한 종류의 센서와 마이크로프로세서의 결합을 전제하기 때문에, 특정한 응용 분야를 정하기보다는 일반적인 센서-마이크로프로세서 연결을 가정하는 것으로 보인다.

그에 반해 CBM은 대학보다는 주로 기업이나 연구소 등에서 교육하는 경우가 많은 것으로 보인다. 이는 학문적으로 정립된 분야라기보다는 산업 현장의 필요에 의해 개념이 제시된 분야인 것과 연관성이 깊어 보인다. CBM에 대해 교육하는 대학들도 있으나 대규모 종합대학보다는 주로 단과대학이나 소규모 대학들이 많았다. IoT와 CBM을 결합해 교육하는 과정을 제시하는 것은, IoT 교육과정의 틀 안에서 제시하는 것이 기존의 교육과정에서 크게 벗어나지 않으면서도 철도 차량 정비 분야의 인력 양성을 위한 과정으로 적합할 것으로 보인다.

국내 대학의 철도 관련 학과 교육과정으로, 아주대학교의 철도시스템 학과를 참고했을 때, 철도안전계측특론(Special Topics on Sensor Measurement Applications on Railway Safety), 철도 차량 및 인프라 시스템 특론(Special Topics on Railway Vehicle and Infrastructure Systems), 철도설비 안전(ICBM) 특론(Special Topics on Safety of Railway Facilities)이 가장 유사하나(아주대학교 철도시스템학과, 2025), CBM수행에 IoT 시스템과 AI를 적용하는 것과는 다소 거리가 있어 보였다. KAIST의 조천식 모빌리티 대학원의 경우, 코레일과의 협업으로 철도표준모빌리티 학과를 설립하기로 했고, 주요 교과목으로 철도 시스템 인터페이스와 교통시스템 AI, 에너지동력공학 등을 꼽고 있어 IoT와 AI를 염두에 두고 있음을 파악할 수 있었다(정혜윤, 2024).

해외 교육기관의 경우, UIUC의 RAILTEC 과정이 있고, 교육과정 중에 Development of Evaluation and Planning Models for Track Maintenance, Train Accident Statistical Analysis & Big Data Analytics, Innovations to Improve Track System Safety and

Performance 등이 있어, IoT와 CBM의 요소가 포함돼 있다는 것을 알 수 있었다.

추가로 필요한 교육

IoT와 CBM뿐 아니라, 데이터 수집을 위해서는 드론을 운용해 영상 등의 데이터를 수집할 수 있어야 하기 때문에, 드론 운용과 컴퓨터 비전의 과목을 철도 중심으로 운영하면 철도 차량뿐 아니라 철도 구조물의 CBM에 유리할 것으로 생각된다.

또한 업무 자동화를 위해서는 LLM을 교육하되, 이용 방법뿐 아니라 개별 회사에서 LLM을 이용할 수 있도록 독립형 LLM 구축 교육이 있으면 좋다. 각 개별 회사의 데이터베이스를 학습할 수 있도록, 독립형 LLM에 고유의 데이터베이스로 파인튜닝할 수 있는 교육이 좋을 것으로 판단된다.

교육과정 시사점 요약

AI가 다양한 분야에 적용되고 있고, 철도 분야도 예외는 아니다. 철도 차량의 경우, 철도 차량의 각 부분에 센서를 설치하고 IoT시스템을 이용해 CBM을 수행할 수 있다. 여기에 AI를 적용해 적절한 정비 시점을 추정할 수 있다. 철도 시설물의 경우, IoT시스템 뿐 아니라 CCTV나 드론을 이용해 CBM을 수행할 수 있다. 아직까지 철도 시스템 전문 IoT시스템 데이터에 AI를 적용한 CBM을 교육하는 기관은 발견할 수 없었다. 따라서 IoT기반의 CBM에 AI를 결합한 교육을 한다면 상당히 선진적인 교육이 될 것으로 생각된다.

업무 자동화를 위해서는 LLM을 교육하되, 인터넷과 연결되지 않은 독립적인 LLM도 이용할 수 있도록 독립형 LLM 구축 교육이 있는 것이 매우 효과적일 것으로 보인다. 이를 위해 개별 단체의 요구에 따른 데이터베이스를 학습할 수 있도록, 독립형 LLM에 고유의 데이터베이스로 파인튜닝할 수 있는 교육이 좋을 것으로 판단된다.

참고문헌

아주대학교 철도시스템학과(2025.3). 교과목 안내. https://its.ajou.ac.kr/its/edu/railroad.do

정혜윤(2024.07.02). 코레일-카이스트 '철도표준 모빌리티 학과' 설립. ≪머니투데이≫, https://news.mt.co.kr/mtview.php?no=2024070217200098079

한석민

한국교통대학교 철도대학 데이터사이언스전공 교수다. 서울대학교 전기컴퓨터공학부에서 박사학위를 받았다. 삼성전자 종합기술원에서 전문연구원으로, 의료기기 사업부에서 책임연구원으로 인공지능과 영상 처리에 대해 연구했다(2008~2017). 20편 이상의 논문을 KCI, SCIE 등 등재학술지에 게재했다.